ESSAI HISTORIQUE

SUR LES

SÉMINAIRES DU MANS

1802-1875

PAR

M. l'abbé F. PICHON

Chan. hon., secrétaire de l'Évêché du Mans

AU MANS

TYPOGRAPHIE LEGUICHEUX-GALLIENNE

15, RUE MARCHANDE, ET RUE BOURGEOISE, 16

—

1879

ESSAI HISTORIQUE

SUR LES

SÉMINAIRES DU MANS

1802-1875

ESSAI HISTORIQUE

SUR LES

SÉMINAIRES DU MANS

1802-1875

PAR

M. l'abbé F. PICHON

Chan. hon., secrétaire de l'Évêché du Mans

AU MANS

TYPOGRAPHIE LEGUICHEUX-GALLIENNE

15, RUE MARCHANDE, ET RUE BOURGEOISE, 16

1879

INTRODUCTION

Dans un travail aussi rempli d'érudition que d'intérêt, publié sur SAINT VINCENT DE PAUL ET SES INSTITUTIONS DANS LE MAINE (1), M. l'abbé Lochet nous a donné l'*Acte d'union des bénéfices de Coëffort*, par Mgr Émeric-Marc de la Ferté, pour la fondation du séminaire diocèsain du Mans. Cet acte, daté du 18 novembre 1645, est en réalité l'origine du séminaire, confié alors à saint Vincent de Paul et qui n'a cessé jusqu'à la Révolution, pendant un siècle et demi, d'être dirigé par les Lazaristes. L'histoire de ce séminaire et des tentatives faites auparavant pour la création de cet établissement, suivant les prescriptions du saint concile de Trente, serait pleine d'intérêt, et souvent nous avons entendu regretter qu'on ne l'ait pas entreprise. « Notre but est bien plus modeste, disions-nous en commençant dans la *Semaine du Fidèle*, en avril 1878, une série d'articles sur les séminaires du Mans. Nous nous proposons uniquement de raconter les origines du séminaire actuel du Mans, en recourant à nos souvenirs personnels (2) et en nous appuyant sur quel-

(1) Étude publiée dans la *Revue du Maine et de l'Anjou.*

(2) J'ai l'honneur de faire partie de l'administration du séminaire depuis le 6 avril 1852; et le 22 juin 1858, un arrêté du ministre des Cultes m'en a nommé trésorier.

ques documents imprimés ou encore inédits. » Nous avons eu surtout recours aux nombreux documents que les archives de l'évêché et du séminaire mettaient à notre disposition. Malgré tout ce qu'avait de défectueux le mode de publication que nous avions adopté, et qui, à des intervalles bien inégaux, s'est prolongé jusqu'au mois de septembre 1879, plusieurs de nos lecteurs ont bien voulu nous témoigner que notre travail n'était pas sans intérêt. Nous nous sommes donc décidés à recueillir ces articles épars et à les réunir dans une brochure tirée à un très petit nombre d'exemplaires. Tout ce qui touche au séminaire, tous les souvenirs qui se rattachent aux modifications successives qu'il a subies, aux professeurs qui y ont enseigné et surtout aux bienfaiteurs qui par leurs largesses ont contribué à sa fondation et à son entretien, restent bien chers aux ecclésiastiques qui successivement sont venus s'y former à la science ecclésiastique et à la piété. Quoiqu'il s'agisse d'événements contemporains, ceux qui en ont été les témoins ou les acteurs disparaissent si promptement, que peut-être nous saura-t-on gré plus tard d'avoir essayé d'en conserver le souvenir. *Et hæc olim meminisse juvabit.*

LES

SÉMINAIRES DU MANS

CHAPITRE PREMIER

Premières tentatives pour la fondation d'un séminaire diocésain

Avant la Révolution de 1789, il existait dans le diocèse du Mans deux séminaires proprement dits : celui de la Mission, au Mans, tenu par les Lazaristes et celui de Domfront, en Normandie, dirigé par les Eudistes. Les élèves pouvaient d'ailleurs faire leurs études de philosophie et de théologie au collége de l'Oratoire, au Mans (1); et ceux qui voulaient obtenir des grades en théologie ou en droit canon fréquentaient les cours des universités de Paris ou d'Angers.

La Révolution avait tout détruit : universités et séminaires ; et les jeunes gens se destinant à l'état ecclésiastique n'avaient plus aucun moyen de faire leurs études théologiques. Dans une lettre pastorale

(1) Pendant longtemps le séjour au séminaire fut entièrement facultatif; beaucoup d'ecclésiastiques n'y venaient que pour se préparer à recevoir les ordres sacrés. Mgr de Jouffroy-Gonssans prescrivit de faire au séminaire au moins une année sur les trois du cours de théologie. Voir la notice sur M. l'abbé Mézière, *Semaine religieuse* de Laval, année 1875, p. 110.

du 19 mars 1806, Mgr de Pidoll montrait les désastreuses conséquences d'un pareil état de choses. « Après le vandalisme révolutionnaire, destructeur de toute morale, ainsi que des monuments les plus respectables de cette religion sainte, nous avons vu subitement les autels relevés, les temples rétablis, réparés et décorés ; nous avons vu les offices divins célébrés partout avec dignité et fréquentés par une grande affluence du peuple fidèle... Mais quelque consolant, quelque riant que soit d'un côté l'aspect de ce bel édifice de la religion restaurée, il se montre d'un autre côté un défaut effroyable dans ses fondements, et s'il n'est pas promptement réparé il en opérera infailliblement la ruine prochaine. Vous le savez, N. T. C. F. et vous le voyez trop péniblement, c'est le défaut de prêtres. Comment la vigne du Seigneur peut-elle fleurir, comment peut-elle subsister sans des vignerons qui la cultivent ? Qu'est-ce qu'une religion sans ministres ? Le nombre des prêtres diminue journellement d'une manière désolante (1) et il n'augmente pas en proportion de ses pertes. Depuis quatre ans que nous avons le bonheur de gouverner ce vaste diocèse, à peine avons-nous pu ordonner une vingtaine de prêtres (2). *Quid sunt in inter tantos ?* Nos prêtres, accablés par le poids des années, exténués de fatigues, épuisés par les malheurs de la Révolution, par la misère à laquelle ils sont réduits et par l'excès du travail, meurent en grand nombre, à

(1) Voici de 1803 à 1811, le tableau comparatif des prêtres ordonnés ou décédés :

1803	nombre des prêtres ordonnés	6	des prêtres décédés	20
1804	—	»	—	22
1805	—	7	—	29
1806	—	13	—	34
1807	—	2	—	43
1808	—	6	—	44
1809	—	15	—	23
1810	—	9	—	29
1811	—	10	—	33
	Total	68	Total	277

(2) Le 10 octobre 1802, Mgr de Pidoll donna la tonsure à cinq ecclésiastiques qui furent les prémices du clergé cénoman. M. Hamon fut tonsuré le 20 mars 1803 et M. Bouvier le 13 avril suivant.

notre grande douleur, ou étant hors de combat nous demandent une retraite à laquelle ils ont des droits bien acquis. Les paroisses restent vacantes. Celles qui sont les plus populeuses, même de deux à trois mille âmes, n'ont pas de vicaires parce que nous manquons de prêtres. L'administration des sacrements, et surtout l'instruction de la jeunesse en souffre considérablement. Les jeunes candidats, ou entraînés par le torrent de la Révolution, ou faute d'instruction assortie à l'état ecclésiastique, ne se présentent qu'en petit nombre aux ordinations. Voilà, N. T.-C. F. la cause de cet effrayant déficit de prêtres qui nécessairement et prochainement entraînera la perte totale de la Religion, si nous ne nous empressons d'y apporter les remèdes les plus efficaces. »

Le seul moyen de conjurer un pareil malheur était l'établissement d'un séminaire, où les aspirants à l'état ecclésiastique, étudiant leur vocation, se formeraient à la science et à la piété.

« Nous implorions depuis longtemps, continue le vénérable prélat, avec notre digne et zélé clergé, la bonté divine pour qu'elle daignât nous procurer un établissement si nécessaire à l'éducation de nos jeunes candidats. La Providence a exaucé nos vœux, et nous avons la consolation N. T.-C. F. de vous annoncer que déjà une bienfaitrice vertueuse et charitable de cette ville a pris la généreuse résolution de nous donner une église et un presbytère, dont elle est propriétaire, pour y élever des jeunes gens uniquement destinés à l'état ecclésiastique, et qui nous donneront des marques d'une vocation déterminée à ce saint état. Cette maison, dont la donation est autorisée par le gouvernement, se trouve dans un site agréable ; on y respire un air pur et très-sain ; elle est assez spacieuse pour contenir, au moyen d'arrangements convenables, une vingtaine de candidats ; et dans le cas où nos ressources nous permettraient d'en accepter un plus grand nombre, elle est très-susceptible d'agrandissement. »

Mgr de Pidoll terminait sa lettre pastorale en prescrivant une quête générale dans toutes les paroisses du diocèse ; quête autorisée d'ailleurs formellement par le gouvernement de l'Empereur qui comprenait la nécessité d'assurer le recrutement du clergé.

La bienfaitrice à laquelle Mgr de Pidoll faisait allusion était Mlle Renard la Brainière, l'une des premières et des plus insignes bienfaitrices du séminaire du Mans. Propriétaire à Saint-Saturnin de la belle ferme des Roches, où elle avait une maison de campagne, elle avait acheté pendant la Révolution l'église et le presbytère de Saint-Saturnin, avec l'intention de rendre ces propriétés à l'Eglise. Au moment du Concordat nous voyons qu'elle donnait asile à M. l'abbé Duperrier, administrateur apostolique du diocèse du Mans, et plus tard premier vicaire général de Mgr de Pidoll. M. Duperrier eut une grande part à la réorganisation du diocèse du Mans. Sans aucun doute son influence et ses conseils contribuèrent à réaliser les pieuses générosités de la bienfaitrice et les désirs du vénérable évêque du Mans.

Saint-Saturnin convenait merveilleusement pour la fondation d'un séminaire (1). Il était assez rapproché du Mans pour que l'évêque et ses grands vicaires pussent facilement s'y transporter et veiller à tous les besoins spirituels et temporels de cette maison. Une paroisse très-peu nombreuse à desservir ne devait pas imposer des distractions trop grandes aux directeurs du séminaire ; et les élèves trouvaient dans cette organisation un moyen d'exercer les fonctions de leurs ordres et de se former aux pratiques du ministère paroissial. Nous voyons en effet les actes de baptêmes, mariages et sépultures de Saint-Saturnin signés par plusieurs des jeunes étudiants de cette maison.

Le choix du supérieur de ce nouvel établissement était aussi difficile qu'important. L'administration diocésaine ne crut pouvoir mieux faire que de confier la direction du séminaire à M. Marie, ancien membre de la congrégation des Eudistes, lequel, ayant été supérieur du séminaire de Domfront, pourrait immédiatement introduire dans le nouveau séminaire l'esprit et les traditions de l'ancien.

(1) La maison, autrefois habitée par le prieur-curé de Saint-Saturnin, avait été conservée dans son entier; elle comprenait grange, écurie, étable, remise, toits à porcs, une belle et grande cour, un beau et vaste jardin terminé par une pièce d'eau, un verger et deux clôteaux de terre. L'église était en très-bon état.

Voici la lettre qu'écrivit Mgr de Pidoll à M. Marie, curé de Rouillon depuis le Concordat :

« Il faut compter, Monsieur, comme je le fais, sur votre zèle et « votre dévouement pour vous proposer de quitter Rouillon. Le « sacrifice que je vous demande, quelque pénible qu'il puisse être, « devient nécessaire. Vous n'ignorez pas le dessein où je suis d'éta- « blir à Saint-Saturnin une maison d'éducation ecclésiastique. Dans « les temps malheureux où nous sommes, je ne crois pas qu'on « puisse se charger d'une œuvre plus digne de Dieu et plus utile à « l'Eglise. Ce genre de travail ne sera point neuf pour vous. Je « n'ignore point avec quel succès vous avez formé dans le séminaire « de Domfront de pieux et vertueux ecclésiastiques, qui travaillent « encore avec zèle dans mon diocèse. Ils n'ont point oublié les prin- « cipes que vous leur avez donnés. J'espère qu'il en sera de même « de ceux que je vais vous confier. C'est dans cette confiance que « je vous assure de ma haute estime et de mon sincère attache- « ment.

« † MICHEL-JOS. *év. du Mans.* »

M. Marie ne pouvait refuser une invitation aussi pressante. Il accepta donc la supériorité du séminaire de Saint-Saturnin, où il eut pour premier collaborateur M. Langlois, chargé plus spécialement du soin de la paroisse et des élèves moins avancés dans leurs études. Bientôt tout se trouva prêt pour l'inauguration de la nouvelle maison (1).

(1) M. Ambroise-Marin Langlois, né à Laval le 10 octobre 1778, ordonné prêtre en 1800, avait professé les humanités au collège de Château-Gontier. Il ne resta qu'un an au séminaire de Saint-Saturnin. En décembre 1807, il fut nommé vicaire à Notre-Dame de Mayenne, d'où il passa à la Trinité de Laval, où, comme vicaire, il fut chargé plus spécialement de la paroisse annexe de Notre-Dame. Le 11 août 1810 il fut nommé curé d'Argentré; et le 12 juillet 1822 curé d'Avenières, où il est mort le 11 juin 1838.

CHAPITRE II

Inauguration du séminaire de Saint-Saturnin

Le mardi 20 mai 1806, Mgr de Pidoll, évêque du Mans, a fait l'ouverture de son séminaire diocésain (1). Il était assisté de MM. les vicaires généraux et de plusieurs chanoines de sa cathédrale, des curés et des desservants, tant de la ville du Mans que des environs, et d'autres ecclésiastiques et laïcs. Le plus grand nombre des jeunes candidats, choisis pour être instruits dans cette maison, s'y étaient rendus la veille. Le prélat a été reçu par le corps municipal, qui avait envoyé au-devant de lui une garde d'honneur, laquelle l'a escorté pendant toute la cérémonie.

Après l'hymne *Veni creator*, Monseigneur l'évêque a installé M. Jean-Alexandre Marie, ex-professeur et directeur du séminaire de Domfront, et depuis desservant de Rouillon, dont il avait été curé plusieurs années avant le mois de septembre 1792, et lui a développé d'une manière succincte et énergique tous les motifs sur lesquels reposait sa confiance sur ses succès dans la double fonction dont il l'investissait. M. Marie, conduit dans la chaire, y a parlé avec ce ton de sensibilité qui prouve que l'éloquence de sentiment est un des grands moyens pour persuader et convaincre.

Après l'évangile, M. Chéhère, chanoine (2), qui depuis six mois

(1) On donna dans les *Affiches du Mans* un compte rendu imprimé de l'inauguration du séminaire de Saint-Saturnin. Nous avons cru devoir reproduire cette pièce importante pour l'histoire du diocèse du Mans.

(2) M. François Chéhère était né le 16 janvier 1747, à Fromentières. D'abord vicaire de Brécé, puis aumônier de Mgr de Jouffroy-Gonssans, il prit possession le 19 janvier 1787 d'un canonicat laissé vacant par M. l'abbé d'Espinas. — Après la Révolution M. Chéhère fut nommé chanoine honoraire; et pendant les années 1805 et 1806 il desservit la paroisse de Saint-Saturnin, ce qui lui permit de veiller aux préparatifs faits pour l'organisation du séminaire.

s'est occupé de cet établissement, a donné en chaire la lecture de l'acte du 20 février 1806, attesté par M. Hourdel, notaire au Mans, par lequel « demoiselle Françoise-Louise Renard de la Brainière, « fait donation à M. l'évêque du département de la Sarthe et à ses « successeurs audit siége, de l'église de Saint-Saturnin ainsi que de « la maison presbytérale et ses dépendances ; cette donation faite « aux charges entre autres :

« 1° De former audit Saint-Saturnin une maison d'éducation pour « les jeunes gens qui se destineront à l'état ecclésiastique ; et de « préférence, à mérite égal, pour ceux qui ne seraient pas favorisés « de la fortune : les uns et les autres au choix de M. l'évêque du « Mans.

« 2° De faire desservir ladite église. L'intention de ladite demoi- « selle donatrice étant que la succursale et la maison d'éducation, « dont il est parlé ci-dessus, soient maintenues et conservées simul- « tanément, etc., etc. »

La lecture de cet acte a été suivie de celle de deux décrets de S. M. Impériale et Royale ; le premier du 28 février 1806 par lequel « M. l'Évêque du Mans est autorisé à accepter, tant en son nom « qu'au nom de ses successeurs au siége épiscopal du Mans, la dona- « tion projetée des objets ci-dessus mentionnés et autres; pour for- « mer et doter un *séminaire diocésain*, à la charge de soumettre « ladite donation, suivant la forme usitée en pareil cas, à la sanc- « tion impériale. »

Le second décret, du 17 avril 1806, par lequel il est dit « que la « donation faite pour ledit séminaire, aux charges et conditions « exprimées audit acte du 20 février, est approuvée et recevra son « entière et pleine exécution. »

Ensuite M. Chéhère a dit :

Monseigneur,

« La Providence a exaucé vos vœux et les nôtres ; et l'autorité concourt aujourd'hui avec la bienfaisance pour fonder cet établissement si désiré et si nécessaire à l'éducation des jeunes candidats qui se destinent au service des autels. Nous allons donc jouir de la douce consolation de voir renaître ces asiles uniquement consacrés à l'éducation ecclésiastique, asiles que l'Eglise dans tous les temps a sollicités et obtenus, que les princes chrétiens ont favorisés, maintenus et dotés, et qui ont subsisté jusqu'à cette époque où une révolution désastreuse, en renversant plusieurs trônes et en les menaçant tous, n'a laissé que des ruines à la place de ces monuments élevés par la piété de nos pères. »

« En effet, si nous parcourons les annales ecclésiastiques, nous y trouvons des écoles et des séminaires dont l'établissement touche presque au berceau de l'Eglise. Avant l'an 529, on connaissait leur existence ; le concile de Bazas parle de leur utilité. »

« Charlemagne, dans ses capitulaires tenus à Aix-la-Chapelle, en 789, exhorte les évêques à établir des écoles de ce genre. Ce grand et religieux empereur veut même qu'elles soient remplies par des enfants de condition libre ; la servitude eût diminué la considération publique dont il voulait environner l'Eglise et les ministres d'une religion sainte. »

« A la vérité le xe siècle couvrit du voile de l'ignorance tout ce qui s'appelait instruction, et l'enseignement ecclésiastique marcha avec peine à travers ces sentiers obscurs. Quelque temps après ce nuage fut dissipé par l'établissement des universités et des colléges ; et la plupart des évêques se reposèrent sur les docteurs et les professeurs de ces universités pour l'instruction ecclésiastique. Mais on éprouva bientôt que ce mélange de clercs avec les laïques était une occasion de dissipation pour les premiers, et qu'ils n'y exerçaient aucunes fonctions de leur état. On jugea donc qu'il était plus convenable de les retirer de ces écoles publiques et de leur en former de particulières : ce qui lui donna lieu à l'établissement des *petits séminaires.* »

« (1436). — Le pape Eugène en donna le premier exemple à Florence. Il y fonda un collége pour des jeunes clercs : ils y étaient admis depuis dix jusqu'à quinze ans, afin de les former de bonne heure, est-il dit, aux cérémonies et au chant de l'Eglise. En France, on s'empressa de suivre ce modèle. L'archevêque de Bordeaux fonda un séminaire pour douze jeunes clercs, choisis parmi ceux qui étaient les moins favorisés de la fortune : ils y étaient instruits pendant dix ans, et ensuite ordonnés prêtres. »

« 1563. — Un siècle après, les Pères du concile de Trente ordonnèrent l'établissement des séminaires dans tous les diocèses. Saint Charles Borromée, pénétré de cet esprit qui avait guidé le concile, en établit trois dans son diocèse : les élèves passaient d'un séminaire dans l'autre suivant les progrès qu'ils faisaient. »

« 1579. —L'assemblée de Melun, en confirmant les séminaires, fit plusieurs articles réglementaires concernant leur administration ; et les conciles provinciaux de Rouen, de Reims, de Bordeaux, de Tours, de Bourges, d'Aix et de Toulouse, reçurent ces règlements, et y en ajoutèrent de nouveaux adaptés aux circonstances des temps et des lieux. »

« Vos illustres prédécesseurs, Monseigneur, dans le siége que vous occupez si dignement, se signalèrent aussi par des établissements semblables. Dès l'an 1519, le cardinal Philippe de Luxembourg avait fondé à Paris un collége pour douze jeunes gens. Claude d'Angennes, en 1601, établit dans la maison presbytérale de Saint-Ouen-des-Fossés un collége-séminaire ; et Charles de Beaumanoir son successeur (1624) y plaça les prêtres d'une congrégation distinguée par ses talents et les grands hommes qu'elle a produits. Et nous avons vu, dans ces derniers temps (1786), M. de Jouffroy-Gonssans, d'heureuse mémoire, votre prédécesseur immédiat, augmenter la dotation de cette maison, et améliorer celle du séminaire qu'avait établi à Domfront M. de Froullay. »

« 1647. — Emeric-Marc de la Ferté voulut distinguer l'enseignement des élèves qui se destinaient à l'état ecclésiastique de celui des laïques ; et pour les soustraire à la dissipation inévitable dans les colléges publics, et les appliquer uniquement à la science cléricale et à l'exercice des fonctions ecclésiastiques, il appela les prêtres de la congrégation de la Mission, connue sous le nom de Saint-Lazare, qui ont dirigé avec distinction le séminaire diocésain jusqu'à ces derniers temps. »

M. Chéhère continuait son discours en montrant les séminaires détruits par la Révolution ; et, par suite, les inquiétudes des fidèles en voyant disparaître peu à peu les ministres du sanctuaire, sans qu'on trouvât le moyen de pourvoir à leur remplacement. Il ajoutait :

« De jeunes candidats se présentaient en grand nombre pour entrer dans la carrière ecclésiastique ; leurs mœurs, leurs talents et leurs pieuses dispositions donnaient des marques de leur vocation. Il manquait un asile pour cultiver ces jeunes plantes, étendre leurs connaissances, entretenir leurs mœurs, soutenir leur piété naissante, diriger leurs dispositions et leur talent vers le but le plus prochainement utile à l'Eglise et à la société. Il fallait que dans cet asile ces dispositions et ces talents ne fussent ni enchaînés, ni paralysés par le défaut des moyens de la fortune. Et cet asile, Messieurs, est fourni par la bienfaisance active et généreuse. La même personne abandonne et sacrifie ses intérêts pour se livrer à cette bonne œuvre. »

« Fournir un local n'est pas assez : elle y ajoute tout ce qui peut contribuer à la salubrité et à la commodité. Ce grand exemple allume le feu de la charité, échauffe le zèle, développe et active cet esprit du bien qui naît avec nous, et qu'il ne faut que diriger. »

M. Chéhère terminait son discours en exhortant les jeunes élèves du séminaire à profiter des leçons qu'ils allaient recevoir et en faisant des vœux pour la prospérité d'une maison dont dépendait l'avenir du diocèse.

Vingt élèves entrèrent à Saint-Saturnin le jour de l'inauguration de cette maison. L'année suivante le nombre en fut porté à trente-six : dix-huit suivaient le cours de rhétorique professé par M. Marie ; les dix-huit autres moins avancés étaient instruits par M. Langlois. Nous remarquons parmi les premiers M. Letessier, mort curé d'Aigné, il y a quelques années seulement, M. Lesève, décédé doyen de Vibraye, M. Fillion, décédé chanoine titulaire et M. Bourgine, mort curé du Lude ; parmi les seconds, nous voyons M. Mautouchet, mort chanoine titulaire, M. Desnos, décédé doyen de Brulon et M. Langlois Augustin, décédé curé de Saint-Nicolas de Craon.

Mgr de Pidoll suivait avec un vif intérêt le développement de son séminaire : Nous l'y voyons faire de fréquentes visites. Dès l'année 1806, il donna la confirmation aux fidèles de la paroisse de Saint-Saturnin. Le 20 décembre 1807, le vénérable prélat vint bénir une cloche donnée par M. de Salaines et par Mlle la Brainière qui en furent les parrain et marraine. M. Ouvrard de Linières, maire de Saint-Saturnin, assista à la cérémonie. Comme M. de Salaines, il était parent de Mlle la Brainière. (1)

CHAPITRE III

Libéralités en faveur du séminaire (2)

Le 15 juin 1807, Mgr de Pidoll adressait une nouvelle circulaire au clergé du diocèse, et se félicitait des heureux résultats des premiers efforts faits pour la restauration du séminaire.

(1) M. et Mme de Salaines étaient parents de Mlle la Brainière du côté paternel. Du côté maternel étaient deux demoiselles Vouvereau. La première était veuve de M. de Lavye ; la seconde avait épousé M. Ouvrard de Linières, et l'une de ses filles était mariée à M. Besnard, autrefois feudiste des religieux de Saint-Vincent. — Voir les *Mémoires de M. de la Manouillère*, t. II, *passim*.

(2) Dans son *Histoire de l'Abbaye Saint-Vincent*, Dom Colomb ne manque jamais de mentionner les libéralités, même minimes, faites aux religieux. Ces donations nombreuses, avec les procès non moins multipliés soutenus par l'abbaye contre les envahisseurs de ses propriétés ou les détenteurs injustes des rentes fondées, forment une part très-notable de cette histoire. A Dieu ne plaise que nous ayons la prétention de comparer notre modeste travail à l'œuvre du savant bénédictin. Mais nous avons cru devoir rappeler ce souvenir pour justifier les détails dans lesquels nous entrons. Nous n'aurons heureusement point à mentionner de procès soutenus par le séminaire pour la sauvegarde de ses droits.

« Nous n'avons point été trompés dans notre attente, et nous osons même le dire sans crainte de ralentir le zèle des fidèles, les bienfaits ont surpassé nos espérances. Trente-six élèves dans notre séminaire; près de deux cents autres distribués à Evron, Château-Gontier, Laval, Mayenne, ou chez des curés, qui, par un zèle digne de tout éloge, se consacrent à leur éducation : Voilà, N. T.-C. F., le fruit, et nous osons encore le dire, la récompense de vos bienfaits. »

Dans cette même circulaire, Mgr de Pidoll faisait un résumé de recettes et des dépenses de son séminaire pendant l'année 1806-1807. Les recettes avaient atteint près de 56,000 francs, sans compter une provision de blé et de vin, et beaucoup de linge ou d'objets mobiliers donnés par des bienfaiteurs. Mgr de Pidoll s'inscrivit le premier pour une somme de 1,200 francs; M. Boullier, curé d'Entrammes versa 300 francs et s'engagea de payer chaque année la même somme pendant sept ans; des membres du Chapitre et plusieurs autres ecclésiastiques prirent des engagements semblables. Les héritiers de M. Comte, décédé curé de Sillé-le-Philippe, remirent 4,200 francs au séminaire pour accomplir les volontés du vénérable défunt. M. de la Roussière, le bienfaiteur des Pères de la Foi, missionnaires de Saint-Michel à Laval, et le fondateur des Trappistes du Port du Salut à Entrammes, donna à deux reprises au séminaire diocésain une somme de 1,200 francs, soit en totalité 2,400 francs. M. l'abbé Dubignon, directeur au séminaire, donna 2,000 francs. et Mme Leclerc de la Rongère, sa tante, 1,500 francs. Toutes les paroisses du diocèse montrèrent le même empressement, encouragées d'ailleurs par leurs curés. Aussi M. Chéhère ne craignait pas de dire, dans le discours dont nous avons déjà cité plusieurs passages :

« Vénérables pasteurs, c'est vous que je pourrais interroger ici « sur les effets produits par cet enthousiasme de la bienfaisance. « Vous avez été les témoins des sacrifices que chacun s'est empressé « de faire. Que dis-je ? Vous avez été souvent obligé de mettre un « frein à la générosité et de dire : c'est assez, c'est trop. C'est à vous,

« c'est à votre zèle, à vos démarches et à vos exemples que sont dus « la plupart des dons versés pour seconder cette entreprise. »

M. Chéhère, peu de temps après l'installation du séminaire de Saint-Saturnin, fut nommé curé de la Trinité à Laval. Il y fut le représentant de l'évêque du Mans, et le correspondant de l'évêché; et son influence dans cette importante paroisse profita aux intérêts du séminaire.

Le décret impérial du 28 février 1806 autorisait non-seulement le projet de donation par Mlle Renard la Brainière du presbytère et de l'église de Saint-Saturnin pour la fondation d'un séminaire, mais encore la donation projetée par Mme Françoise d'Ervillé, veuve Bouvet, de Château-du-Loir, de plusieurs biens-fonds et rentes pour la dotation du même séminaire.

Ces fermes étaient le Grand-Fief, la Roulière, Pontniveau et la Périchottière ; et une rente foncière de cent livres tournois assise sur le lieu des Fontenelles à Saint-Pierre-de-Chevillé.

Quoiqu'il en eut pris l'engagement par le décret du 28 février 1806, le gouvernement impérial se refusa, au dernier moment, d'autoriser la donation projetée. Mme veuve Bouvet ne put donc réaliser immédiatement ses généreuses intentions. Craignant sans doute d'être surprise par la mort, et bien certaine de voir ses volontés remplies par Mlle Renard la Brainière, elle transmit à cette dernière les immeubles qu'elle se proposait de donner au séminaire. L'acte est du 15 Frimaire an XIV (6 septembre 1805). Elle s'en réservait la jouissance pendant sa vie et celle de sa sœur Mlle d'Ervillé.

Malgré les restrictions mises aux libéralités des fidèles, Mlle Julie Bernier, de Château-Gontier, fit donation au séminaire du Mans, le 6 octobre 1806, du pré de Lhommeau situé commune de Saint-Quentin (Mayenne). Cette persistance fut couronnée d'un heureux succès. Un décret du 16 février 1807 autorisa l'acceptation de la donation (1). Il offre cette particularité que

(1) Mémoires historiques sur les affaires ecclésiastiques de France pendant les premières années du XIXe siècle. Tom. II, p. 157.

ce fut la première donation d'*immeubles* autorisée en France pour la dotation du clergé.

Le 11 mars 1808, le gouvernement autorisa le séminaire à accepter un legs de 4,000 francs fait par la dame Gautier, épouse de M. Pierre-Godefroy Courtin de Torsay; et le lendemain 12 mars 1808, un autre décret impérial autorisait l'acceptation de la donation faite par M. Michel Dupuy, curé d'Evaillé, de la ferme de la Tartellerie située dans cette paroisse et que le séminaire possède encore aujourd'hui. Cette donation souffrit quelques difficultés. M. l'abbé Dupuy (1), dont les besoins étaient augmentés par l'âge et les infirmités, demandait, tout en conservant l'usufruit de sa propriété, que le séminaire lui servit une rente viagère de 150 francs. L'administration diocésaine hésitait à accepter cette charge. Le 20 novembre 1806, M. Pottier, curé d'Ecorpain, écrivit à Mgr de Pidoll qu'il se chargeait personnellement de faire à M. Dupuy la rente viagère de 150 francs, afin que le séminaire ne fût pas privé de l'avantage qu'il devait retirer dans l'avenir de la donation projetée. Il terminait sa lettre en disant : «Je souhaite sincèrement que la « gloire de Dieu et mon propre salut soient le motif de cette bonne « œuvre. » Nous verrons plus tard que M. Pottier ne se contenta pas de cette première libéralité en faveur du séminaire diocésain, et qu'il assura à perpétuité le service d'une rente non plus seulement de 150 francs mais de 500 francs (2).

Un décret impérial ayant autorisé le 24 juin 1808, un projet de donation qui avait été soumis au gouvernement (3), Mlle Renard la Brainière se hâta d'assurer l'exécution des volontés de Madame veuve

(1) M. Dupuy, Michel, né le 26 novembre 1720, avait été nommé en 1740 curé d'Évaillé. L'âge et les infirmités l'exemptèrent de la déportation. Au concordat il reprit possession de sa cure, où il est mort le 29 novembre 1816.

(2) M. Pottier, Alexandre-Henri, né le 21 janvier 1752, était avant la Révolution chanoine de Saint-Calais. Rétracté du premier serment, il se cacha dans la paroisse d'Écorpain, où il se rendit utile aux chrétiens restés fidèles. Il est mort curé d'Ecorpain le 28 octobre 1821.

(3) Suivant les formalités administratives de cette époque un donateur faisait d'abord connaître au gouvernement par une simple lettre le projet qu'il avait conçu : un décret autorisait à y donner suite. L'acte notarié de donation était fait en conséquence et soumis à l'approbation définitive de l'État.

Bouvet. Dès le 3 décembre 1808, par acte passé devant Me Hourdel, notaire au Mans, elle faisait donation au séminaire diocésain 1° de la métairie du Grand-Fief, situé à Vaas; 2° du bordage de la Roulière, à Château-du-Loir; 3° du bordage de Pontniveau, à Montabon; 4° du bordage de la Perichottière, à Luceau, et 5° d'une rente de cent francs, assise sur le bien des Fontenelles, à Saint-Pierre-de-Chevillé, rente fondée par Mlle Louise d'Ervillé, sœur de Mme veuve Bouvet.

Mgr de Pidoll fixa par une ordonnance les services religieux que le séminaire diocésain devait acquitter pour remplir les pieuses intentions de Mme veuve Bouvet, née Françoise d'Ervillé (ou d'Ervilliers) et Mlle Louise d'Ervillé sa sœur.

Ces dames conservèrent d'ailleurs jusqu'à la fin de leur vie la jouissance des biens qui venaient d'être donnés au séminaire.

CHAPITRE IV

Établissement du Grand-Séminaire à Tessé

Dans sa lettre pastorale du 19 mars 1806, dont nous avons cité plusieurs passages, Mgr de Pidoll, après avoir parlé de son projet de fondation du séminaire à Saint-Saturnin, ajoutait : « Outre cette maison, nous sommes aussi autorisés par la loi du 18 germinal, an X, et par des déclarations particulières de Sa Majesté Impériale et Royale, à avoir un séminaire épiscopal pour y enseigner la théologie, l'écriture sainte, l'histoire ecclésiastique; pour y exercer les candidats à la pratique des cérémonies de l'Église et des fonctions attachées au sacerdoce et au saint ministère. Nous nous flattons d'obtenir en peu un local convenable pour cet établissement, et nous nous occupons avec zèle des moyens de réaliser cette espérance bien fondée. »

A ce moment, tout le désir de Mgr de Pidoll était d'obtenir pour son séminaire la concession d'une moitié des bâtiments de l'ancien collége de l'Oratoire. L'école centrale, établie pendant la Révolution, venait d'être supprimée, et la ville avait rappelé pour mettre à la tête du collége communal le P. Moissenet, ancien supérieur de la maison de l'Oratoire. Avant la Révolution, l'Oratoire portait le titre de collége-séminaire : on y enseignait la théologie, et le P. Lemercier, ancien professeur de théologie à l'Oratoire, était chargé du cours de philosophie dans le nouveau collége (1). L'idée d'y établir le séminaire semblait toute naturelle; elle fut même suggérée par M. le baron Auvray, préfet de la Sarthe, et acceptée par tous. Le 20 avril 1807, M. Lecesne, entrepreneur, présenta un devis des travaux projetés pour la nouvelle organisation. Le séminaire prenait, dans l'ancien bâtiment, la cuisine, le réfectoire, la dépense, la lingerie et les bûchers; ces services, pour le collége, devaient être établis dans la salle des actes. La dépense totale était estimée à 9,800 francs. La chapelle seule devait rester commune aux deux établissements, qui se partageaient ainsi par moitié l'ancienne maison de l'Oratoire.

Mgr de Pidoll soumit ce projet au ministre des Cultes qui répondit, le 1er juin 1807, en donnant l'assurance que le Gouvernement allait prochainement accorder les autorisations nécessaires.

Mais l'empereur prit de lui-même une décision toute contraire. Pendant la guerre contre la Prusse et la Russie, au lendemain des batailles d'Iéna et d'Eylau, au milieu d'une lutte gigantesque et dont le résultat paraissait encore incertain, Napoléon semblait affecter de trouver le temps de s'occuper des plus minimes détails de l'administration intérieure de son empire. Le 24 septembre 1807, le ministre de l'Intérieur écrivit à l'évêque du Mans qu'après avoir

(1) Le collége devait avoir un petit nombre d'élèves. Un seul professeur était chargé de la rhétorique et de la seconde; un autre de la troisième et de la quatrième, et un troisième de la cinquième et de la sixième.

pris connaissance du projet et l'avoir examiné, l'Empereur n'avait pas jugé possible que l'ancienne maison de l'Oratoire, affectée au collége, pût servir en même temps pour le séminaire diocèsain. Il est impossible de ne pas reconnaître que, dans cette circonstance, l'Empereur n'eût pleinement raison. Si elle avait eu lieu, l'on n'aurait pas tardé à reconnaître tous les inconvénients de l'union projetée de deux établissements qui se seraient gênés mutuellement.

N'ayant plus d'espoir de ce côté, l'administration diocésaine demanda qu'on lui rendît l'ancien séminaire de la Mission. A cette époque, les bâtiments de la Mission étaient affectés au logement de la gendarmerie, d'un bataillon de réserve et d'une compagnie de vétérans. Le département de la Sarthe y avait installé un dépôt de mendicité, et avait transformé en pépinière les vastes jardins de l'ancien séminaire. Le Conseil général de la Sarthe accueillit favorablement la demande de l'évêque du Mans. Le ministre des Cultes n'était pas moins bien disposé ; et le 14 avril 1808, il écrivit au préfet de la Sarthe pour lui demander les raisons qui s'opposaient à cette combinaison. M. le baron Auvray y était en effet tout à fait contraire, soit qu'il trouvât difficile de pourvoir à l'installation des divers services militaires qui étaient établis à la Mission, soit même qu'il jugeât l'ancien séminaire trop considérable pour la nouvelle destination qu'on voulait lui donner. Les bâtiments étaient d'ailleurs en très-mauvais état, et auraient entraîné des dépenses très-considérables pour leur réparation. A ce moment, l'administration diocèsaine songeait même à en sacrifier une partie pour trouver le moyen de réparer le reste.

M. Auvray avait des projets tout différents. Il désirait faire l'acquisition de l'ancien hôtel des comtes de Tessé pour y établir non-seulement le séminaire, mais même l'évêché, Mgr de Pidoll n'ayant encore qu'un logement provisoire. Si l'hôtel de Tessé était reconnu insuffisant pour cette double destination, le Préfet de la Sarthe avait l'intention d'y réunir l'ancien évêché attenant à la cathédrale. L'évêque du Mans se serait trouvé ainsi tout près de sa cathédrale, et aussi rapproché que possible de son séminaire diocèsain. M. Auvray fit entrer dans ses vues les deux Conseils généraux de la Sarthe et de la Mayenne qui votèrent, le premier 48,000 francs, et le second 32,000 francs, soit en totalité 80,000 francs pour l'acquisition de l'hôtel de Tessé (1). Le propriétaire de l'ancien évêché ne put pas s'entendre avec l'administration pour la vente de cette maison (2).

Mgr de Pidoll s'opposait de tout son pouvoir aux projets de M. Auvray. L'ancien hôtel de Tessé se composait de deux corps de bâtiments séparés (3) avec écuries et remises : son principal agrément était une magnifique terrasse d'où l'on descendait dans les jardins situés en contre-bas des bâtiments. Il était trop évident que, dans son état actuel, l'hôtel de Tessé, bien loin de pouvoir servir de demeure à l'évêque et de séminaire diocésain, serait même insuffisant pour cette dernière destination. La disposition même du terrain était peu commode pour les constructions nouvelles qu'on voudrait faire. Mgr de Pidoll ajoutait que, si la concession de l'ancien séminaire de la Mission était impossible, il accepterait volontiers en échange l'ancien monastère des Bénédictins de Saint-Vincent, transformé aussi en caserne.

Les deux Conseils généraux de la Sarthe et de la Mayenne avaient le double désir d'être agréable à l'administration diocésaine, et de faire une économie assez notable en n'achetant pas la maison de Tessé pour servir de séminaire. Dans leur session de juillet 1810, ces deux Conseils appuyèrent les propositions de Mgr de Pidoll : ils témoignèrent l'un et l'autre le vif désir que le ministre de la Guerre

(1) Lettre du ministre de l'intérieur du 2 février 1809.

(2) «Quoique privé de la chapelle et d'un grand corps de logis, l'ancien évêché offrait une habitation commode et agréable, avec cours, jardin et autres accessoires. L'administration refusa cette propriété, estimée alors 32,000 fr., pour acheter 66,000 fr. l'hôtel de Fondville, place de l'Eperon, bien moins avantageux sous tous les rapports, et auquel elle se vit obligée de faire beaucoup de dépenses. Ces frais et la différence du prix employés en améliorations auraient procuré près de la Cathédrale un hôtel plus beau et plus convenable. » Cauvin, *Statist. de l'arrondissement du Mans*, p. 250 et 251. — En 1852, l'Etat a racheté une partie seulement de l'ancien évêché pour 80,000 fr.

(3) Ces bâtiments étaient perpendiculaires à la rue actuelle de Tessé ; deux portes donnaient entrée dans la cour d'honneur et dans la cour de service ; elles étaient un peu au-dessus et au-dessous du portail actuel de l'évêché.

concédât les anciens bâtiments de Saint-Vincent pour séminaire, et qu'il installât tous les services ou logements militaires dans les vastes bâtiments de l'ancien séminaire de la Mission.

Tout dut céder devant la volonté de M. le baron Auvray. Fort du vote primitif des deux Conseils généraux de la Sarthe et de la Mayenne, il s'empressa de conclure l'achat de l'ancien hôtel des comtes de Tessé (1). Mgr de Pidoll essaya encore des réclamations auprès du ministre des Cultes contre une opération qui lui semblait aussi contraire aux intérêts du diocèse qu'à ceux des départements de la Sarthe et de la Mayenne. Ces réclamations postérieures furent aussi inutiles que les premières.

Acceptant donc, quoique avec regret, les faits accomplis, Mgr de Pidoll s'occupa de mettre l'hôtel de Tessé en état de servir à sa nouvelle destination. M. l'abbé Bureau, curé de la Cathédrale, fut chargé de diriger tous les travaux de réparations et d'aménagement intérieur : il s'occupa même de l'acquisition du mobilier. Grâce à son activité, la maison fut prête pour le commencement de novembre 1810, et Mgr de Pidoll put y installer son séminaire diocésain. Voici le procès-verbal qui fut dressé à cette occasion :

« L'an de grâce mil huit cent dix, le quatorzième jour de novembre, l'hôtel de Tessé se trouvant par les soins et le zèle de M. Bureau, curé de Saint-Julien et chanoine honoraire de la cathédrale, prêt à recevoir cinquante étudiants en théologie, Monseigneur Michel-Joseph de Pidoll, évêque du Mans, accompagné de ses grands vicaires, de son aumônier (2) et de son chapitre, célébra pontificalement dans la cathédrale une messe du Saint-Esprit pour l'ouverture des cours du grand et du petit séminaire, et pour les biens spirituel et temporel des bienfaiteurs de ces deux maisons. Monseigneur l'évêque se rendit ensuite audit hôtel de Tessé pour y établir son grand séminaire, et y bénir une salle pour servir de chapelle, sous

(1) M. de Tessé vendit, le 6 juillet 1810, son hôtel pour 64,000 fr. Les droits de mutations et autres frais s'élevèrent à près de 11,000 fr. Les 5,000 fr. qui restaient furent employés aux réparations.

(2) L'aumônier de Mgr de Pidoll était M. l'abbé Bigault d'Harcourt, chanoine titulaire.

l'invocation de saint Michel son auguste patron. De là il conduisit M. Marie, supérieur dudit séminaire, à son appartement, et lui recommanda toute cette jeunesse qu'il confiait à ses soins : et ne pouvant contenir les sentiments et l'émotion de son cœur, il laissa échapper des larmes, et ajouta : « Je mourrai content puisque je « vois enfin l'établissement sous mes yeux de mon séminaire, et se « réaliser mes plus chers désirs. J'espère que l'on verra fleurir dans « cette maison la piété et l'esprit ecclésiastique. » Ensuite il donna sa bénédiction à tous ceux qui étaient dans l'appartement, et aux jeunes gens qui étaient restés dans la cour. »

Comme nous venons de le voir dans ce procès-verbal, M. Marie, supérieur de la maison de Saint-Saturnin, fut mis à la tête du grand séminaire établi à Tessé. Il fut remplacé comme curé de Saint-Saturnin et supérieur du petit séminaire par M. Anne-Gilles-Pierre Carbonnel, ancien principal du collége d'Ernée, lequel fut installé le 14 octobre 1810.

M. l'abbé Langlois, premier collaborateur de M. Marie, avait été remplacé le 12 novembre 1807 par M. Étienne Leveau, curé de Mareil-en-Champagne. Par son âge (1), et par les services qu'il avait rendus pendant la Révolution comme sous-chef de l'importante mission de Laval, M. Leveau était bien digne de former les jeunes générations sacerdotales qui devaient remplacer les confesseurs de la foi. Les préventions politiques du gouvernement impérial avaient empêché l'administration diocésaine de nommer M. Leveau curé à Laval ; on avait à peine permis qu'il fût pourvu de la petite cure de Mareil-en-Champagne, et le préfet de la Sarthe exigeait même un peu plus tard la démission de M. Leveau. Mgr de Pidoll l'appela à Saint-Saturnin et le fit passer, avec M. Marie, à la direction du séminaire de Tessé.

En même temps que M. Leveau, M. l'abbé Pierre Perier-Dubignon avait été nommé directeur au séminaire de St-Saturnin. Né à Laval le 31 août 1772, M. l'abbé Dubignon appartenait à une riche famille de fabricants de toiles, apparentée aux Du Mans, aux Perier-

(1) M. Etienne Leveau était né le 15 août 1749.

Ducoudray, aux Leclerc, aux Matagrin (1), etc. Après avoir fait ses études au célèbre collége de Juilly, dirigé par les PP. de l'Oratoire, il se destina au commerce, et il fut envoyé à Lisbonne comme représentant de la maison paternelle. Il y resta pendant tout le temps de la Révolution. La mort de son père, arrêté comme suspect, conduit à Doué et enfin guillotiné en 1793, et les dangers qu'il aurait courus lui-même, l'empêchèrent de revenir en France. M. Dubignon n'y rentra qu'en 1802, et dès cette époque il se sentait appelé à l'état ecclésiastique. Il fit ses études théologiques à St-Sulpice et il fut ordonné prêtre en 1807. M. Émery, supérieur de St-Sulpice lui écrivait le 29 octobre 1807 : «Vous n'êtes donc pas encore placé, mon cher « Dubignon ? Si on veut vous placer au séminaire, et que ce ne soit « pas pour professer, laissez agir la Providence. Vous pourrez y « travailler utilement. Vous rendrez aux autres avec usure les gron- « deries que vous avez reçues, si toutefois vous avez été grondé.»

M. Dubignon fut en effet seulement directeur au séminaire de Saint-Saturnin, sans avoir été jamais chargé d'y professer. Il suivit aussi M. Marie au séminaire de Tessé, où M Langlois Jean-Gabriel, né à Avenières, le 13 juin 1780, et ordonné prêtre le 23 septembre 1809, fut chargé, avec M. l'abbé Leveau, du cours de théologie (2).

A Saint-Saturnin, M. l'abbé Hamon, qui avait terminé ses études théologiques au séminaire d'Angers, remplaça M. l'abbé Leveau, et fut adjoint à M. Carbonnel. « A la rentrée de 1810, M. Hamon qui « n'était encore que diacre, fut nommé pour enseigner la philoso- « phie à Saint-Saturnin. Il fallut faire violence à son humilité ;

(1) Il fut baptisé par son parent Charles-Jean Matagrin, prêtre conventuel de l'Ordre de Malte, chanoine de Saint-Jean-de-Latran, nommé après le Concordat curé de la Sainte-Trinité à Laval. Nous tenons ces renseignements de la famille de M. l'abbé Dubignon, qui a mis la plus grande obligeance à nous les communiquer.

(2) Le second professeur du séminaire du nom de Langlois, n'y resta que quelques années. Le 1er septembre 1812, il fut nommé curé de Moncé-en-Belin, et le 7 novembre 1814, curé de Grazay. En 1821, il quitta cette paroisse pour aller à Paris. Il revint habiter N.-D. de Laval. Nous ne savons pas où et quand il est mort.

« mais il céda par esprit d'obéissance. Il vint au Mans et se dévoua « tout entier à la vie si laborieuse et si pénible qu'il lui fallut mener « à Saint-Saturnin pendant deux ans. » (1).

CHAPITRE V

État des étudiants ecclésiastiques. — Conscription militaire

L'administration diocésaine n'était pas réduite pour la formation du clergé aux faibles ressources qu'offrait le petit séminaire de Saint-Saturnin. Beaucoup d'autres étudiants ecclésiastiques se trouvaient placés dans des colléges du diocèse ou même chez Messieurs les curés qui déployaient un zèle admirable pour se préparer des successeurs. Sans doute un tel état de choses ne pouvait être que provisoire et ne pouvait suppléer à l'établissement d'un séminaire. « Ce qui fait le fond du séminaire, c'est une sainte disci- « pline, un ensemble de règles et de pieux exercices, de communi- « cations intimes avec des maîtres expérimentés, capables d'ouvrir, « d'élever l'âme des jeunes élèves, de leur communiquer cette sève « de vie sacerdotale qui en fait des hommes de Dieu formés pour « toute sorte de bien (2). » La divine Providence daignait suppléer à

(1) Notice sur M. l'abbé Hamon, p. 3. M. Joseph-Amable Hamon, était né à Saint-Denis de Gastines, le 22 novembre 1785. Nommé chanoine titulaire le 17 avril 1834, il mourut le 21 mars 1850.

(2) Discours de Mgr Cousseau, évêque d'Angoulême, pour le 50e anniversaire de l'ordination de M. Samoyault, vicaire général de Poitiers, ancien supérieur du séminaire.

ce qui manquait sous ce rapport aux étudiants ecclésiastiques dispersés çà et là. En attendant qu'on pût faire mieux, Mgr de Pidoll s'applaudissait des heureux résultats déjà obtenus. Rendant compte, dans une circulaire adressée à tout le diocèse le 15 juin 1807, du produit de la quête prescrite pour le séminaire, et de l'emploi qu'il avait fait des aumônes qui lui avaient été remises, il écrivait: « Trente-six élèves dans notre séminaire, près de deux « cents autres distribués à Evron, Château-Gontier, Laval, « Mayenne, ou chez des curés qui par un zèle digne de tout éloge « se consacrent à leur éducation : voilà, nos très-chers Frères, le « fruit, et nous osons encore le dire, la récompense de vos bien- « faits. »

Deux années après, dans une lettre du 1er mars 1809, Mgr de Pidoll, écrivant au ministre des cultes, donnait des détails fort intéressants sur le nombre des étudiants ecclésiastiques de son diocèse, et sur les maisons où ces jeunes gens étaient alors placés.

« Le diocèse du Mans, disait-il, n'a qu'un petit séminaire proprement dit. Il est situé à Saint-Saturnin à deux petites lieues du Mans. Il est dirigé par un ancien professeur du séminaire de Domfront qui fait en même temps les fonctions de curé. Je lui ai associé deux prêtres qui exercent les fonctions de directeur et de vicaire. La paroisse étant très-petite, ils ont tout le temps de veiller à l'éducation des jeunes gens qui leur sont confiés... Malheureusement on n'y peut loger que trente-six sujets. N'ayant pas d'emplacement, j'ai été forcé d'adopter pour petits séminaires deux écoles secondaires, l'une à Château-Gontier, l'autre à Évron. La première est dirigée par M. Horeau, prêtre respectable, qui jouissait déjà dans l'ancien système de la confiance de mes prédécesseurs, lesquels regardaient son collége comme une espèce de séminaire. Il nourrit gratuitement un assez grand nombre de jeunes gens qui se destinent à l'état ecclésiastique ; il reçoit les autres pour de modiques pensions. Il a pour professeurs deux ou trois prêtres ; et pour les dernières classes, quelques jeunes ecclésiastiques qui ont fini leurs cours et qui n'attendent que leur âge pour être promus aux saints ordres. »

« La seconde école est située à Evron ; et elle est dirigée par

M. Poupin, prêtre, qui enseigne la théologie, et qui se fait seconder pour les humanités par de jeunes ecclésiastiques. Il y a dans ces deux maisons quelques exercices particuliers pour les jeunes gens qui se destinent à l'état ecclésiastique ; mais il est impossible d'éviter la communication des laïques avec les ecclésiastiques. »

« On n'enseigne pas la théologie à Château-Gontier. Quand les jeunes gens, qui y font leurs études, ont fini leur philosophie, je les place ou à Evron ou à Saint-Saturnin ; quelques-uns aux séminaires de Paris, de Séez ou d'Angers... »

« Je compte plus de 400 jeunes gens inscrits pour l'état ecclésiastique. Il ne faut pas espérer que tous réussissent. En distribuant leur éducation en huit années, j'aurai près de 40 prêtres à ordonner chaque année. J'ai perdu ce même nombre de prêtres dans les années qui ont précédé, et il me reste en outre un vide de 200 sujets à combler. »

Dans une circulaire adressée au clergé, le 22 mars 1809, Mgr de Pidoll disait aussi : « Nous vous annonçons avec confiance qu'en peu d'années nos pertes seront réparées : 400 jeunes gens inscrits sur nos listes ; 300 qui passent l'âge de seize ans et déjà avancés dans leurs études ; 300 prêtres par conséquent à qui nous devons espérer d'imposer les mains dans l'espace de huit ans ; plus de 30 prêtres à ordonner dans l'espace de deux ans. Voilà, nos très-chers coopérateurs, nous osons le dire, le fruit de votre zèle. C'est vous qui avez jeté dans leurs cœurs les premières semences de la vertu ; c'est vous qui avez dirigé leurs premiers pas vers le sanctuaire ; c'est vous qui nous les avez présentés ; et nous devons dire à votre louange que vous avez été rarement trompés, et que vos élèves ont répondu pour la plupart à vos soins et qu'ils nous font concevoir les plus douces espérances. »

Une des choses les plus merveilleuses de cette époque était la facilité que trouvait l'Eglise à recruter le clergé, malgré tous les obstacles que la loi civile semblait devoir y apporter. Exagérant les dispositions du droit canon sur le titre patrimonial, les articles organiques prescrivaient art. XXVI :

« Les évêques ne pourront ordonner aucun ecclésiastique s'il ne

« justifie d'une propriété produisant au moins un revenu annuel de « 300 francs, s'il n'a atteint l'âge de vingt-cinq ans et s'il ne réunit « les qualités requises par les canons reçus en France. »

« Ils ne feront aucune ordination avant que le nombre des per- « sonnes à ordonner ait été soumis au gouvernement et par lui « agréé. »

Cette dernière disposition fut toujours rigoureusement exigée; et pendant tout le temps de l'empire, nous voyons l'évêque du Mans demander l'autorisation de promouvoir les étudiants ecclésiastiques aux ordres sacrés (1). Il n'en fut pas de même de l'obligation de justifier d'un titre ecclésiastique de 300 fr. de rentes, ni même de celle relative à l'âge de vingt-cinq ans. Un décret du 28 février 1810 changea ces prescriptions, reconnues inexécutables dans l'état présent de l'Eglise de France. Nous devons d'ailleurs reconnaître que le gouvernement impérial accorda toujours, sans réserve ni restriction, la permission de promouvoir aux ordres sacrés les ecclésiastiques présentés par les évêques.

La loi de la conscription militaire semblait devoir être un autre obstacle aux vocations ecclésiastiques. Le 20 octobre 1803, le cardinal de Boisgelin, archevêque de Tours, écrivait à Mgr de Pidoll : « J'avais senti comme vous, Monseigneur, l'indispensable nécessité « de favoriser la liberté des ordinations. J'avais proposé au conseil « d'Etat et au Cardinal-Légat un projet qui semblait devoir préve- « nir les oppositions que présente la loi de la conscription. C'est la « déclaration de guerre qui en a suspendu la poursuite. On n'a pas « pensé qu'il fût possible dans ce moment de parler d'exemption. « Ce seront des demandes et des propositions à faire dans les cas « particuliers. On fermera les yeux sur l'exécution de l'article qui « exige un revenu de 300 livres, et l'on est bien porté à seconder « les dispositions des évêques. »

(1) Voici, comme spécimen, une lettre du ministre des Cultes, en date du 14 mars 1806 :

« Monsieur l'Évêque. J'ai l'honneur de vous annoncer que, sur votre « demande, et par son décret du 7 courant, S. M. vous a autorisé à conférer « les ordres sacrés à M. Louis Pasquier. J'ai l'honneur d'être...

« signé : PORTALIS. »

Cette déclaration de guerre, qui avait suspendu les propositions du cardinal de Boisgelin, devint l'état permanent de l'empire. Cependant, malgré toute la rigueur de la conscription militaire, malgré le besoin incessant qu'avait l'empereur d'hommes valides pour combler les vides que faisait la guerre dans les rangs de son armée, le gouvernement impérial se montra vraiment généreux pour accorder l'exemption du service militaire aux élèves ecclésiastiques. Non-seulement les élèves qui étaient au séminaire, mais ceux même qui se trouvaient encore chez des curés, obtinrent cette exemption pendant toute la durée de l'empire. On exigeait seulement, au commencement de l'année 1812, que les études analogues et préparatoires à l'état ecclésiastique eussent été commencées une année avant celle où les jeunes gens étaient appelés à la conscription ; que ces jeunes gens subissent à cette époque un examen devant l'évêque ou son délégué spécial, et enfin qu'ils souscrivissent une déclaration qu'ils avaient l'intention de se destiner à l'état ecclésiastique. Ces exigences n'avaient rien d'exorbitant. Dans des circonstances où l'Etat, en pleine paix, avait bien moins besoin de soldats, des gouvernements, peu favorables à la liberté de l'Eglise, se sont montrés bien moins généreux pour exempter du service militaire les aspirants au sacerdoce.

CHAPITRE VI

Relations des Séminaires avec l'Université impériale. — Suppression du séminaire de Saint-Saturnin. — Fondation de la maison rue des Chapelains.

Une autre création de l'empire fut pour les séminaires une occasion de difficultés bien plus nombreuses et bien plus graves. Nous voulons parler de la fondation de l'Université impériale. Un décret du 17 mars 1808 organisa cette institution ; et dès le 18 mai suivant, l'évêque de Casal, nommé chancelier de l'Université, écrivait à tous les évêques pour leur demander des renseignements sur les chefs d'établissements secondaires, lycées ou colléges. Il ajoutait en finissant : « L'exactitude et l'orthodoxie dans la doctrine, l'attache-« ment aux maximes du clergé de France dans les facultés de « théologie, l'instruction religieuse et morale dans les lycées, les « colléges et les pensions... sont l'objet que doit principalement « avoir en vue l'évêque que S. M. a daigné appeler à l'une des « premières places de l'Université impériale. »

Comme les anciennes universités qu'elle remplaçait, l'Université impériale devait comprendre toutes les facultés, et par conséquent celle de théologie. Les séminaires se trouvaient soumis à l'autorité du grand-maître de l'Université (1), comme tous les autres établis

(1) « Néanmoins, écrivait à ce sujet le ministre des Cultes, le 21 avril 1809, l'instruction dans les séminaires dépend des archevêques et évêques, chacun dans son diocèse, ils en nomment et révoquent les directeurs et professeurs ; ils sont seulement tenus de se conformer aux règlements sur les séminaires approuvés par nous. » La seule intervention du gouvernement fut l'obligation

sements d'instruction publique. Le gouvernement avait seulement reconnu la convenance de laisser aux choix des évêques la nomination des supérieur et professeurs, et toute latitude pour la discipline intérieure de ces maisons. Mais on voulait que les élèves, entrant au séminaire, fussent munis de leur diplôme de bachelier ès lettres, absolument comme les jeunes gens qui se destinaient aux écoles de droit ou de médecine. Le 30 décembre 1811, le grand-maître de l'Université rappelle à l'évêque du Mans que, d'après le décret du 9 avril 1809, aucun élève ne peut être admis au séminaire s'il n'est justifié qu'il a reçu le grade de bachelier dans la faculté des lettres. Nous voyons souvent un inspecteur de l'Académie en tournée, ou un autre officier de l'Université, désigné à cet effet par le recteur de l'Académie d'Angers, venir au séminaire pour les examens du baccalauréat. Le 1er décembre 1812, le recteur de l'Académie annonce qu'il viendra lui-même au séminaire pour le même objet. Les diplômes de bachelier étaient payés par les séminaristes ; et l'Université n'accordait remise de ces droits que lorsque l'indigence était constatée par un certificat délivré par le maire de la commune où habitaient les parents de l'élève.

Comme soumis à l'Université, les séminaristes devaient le droit dit universitaire. Le 8 février 1809, M. de Fontanes, grand-maître de l'Université écrit aux évêques : « Tous les élèves des pensions, ins-« titutions, colléges, lycées ou *séminaires*, pensionnaires, externes « payants ou gratuits, doivent payer le vingtième du prix de la « pension payée par les pensionnaires de l'établissement dont ils « suivent le cours. » Il ajoutait cependant que, sur l'attestation de l'évêque, S. M. accorderait une remise aux élèves pauvres des séminaires. Le 13 janvier 1810, on demande que les supérieurs des séminaires adressent chaque trimestre au recteur de l'Académie l'état des élèves pour lesquels on n'a pas sollicité l'exemption des

qu'il essaya d'imposer d'enseigner dans les séminaires les quatre articles de 1682. Le 21 avril 1810, le ministre des Cultes demanda que les professeurs du séminaire remissent à l'évêque une copie de la leçon par laquelle ils enseignaient la déclaration de 1682. Cette leçon, dictée aux élèves, devait être adressée aux procureurs généraux lorsque ceux-ci le requerraient.

droits universitaires, et la quittance constatant le versement de ces droits. En 1812, le 24 juillet, nous voyons qu'on accorda remise des droits universitaires à 23 élèves de Tessé et à 17 élèves de Saint-Saturnin.

L'autorité de l'Université était bien plus absolue sur les petits séminaires. « A l'égard des petits séminaires, écrivait M. de Fon-« tanes, la loi ne reconnaît aucune école théologique sous cette « dénomination ; et ces établissements ne peuvent différer, aux yeux « de l'Université, de tout autre établissement d'instruction publi-« que. Cependant plusieurs directeurs de petits séminaires se sont « dispensés de faire la déclaration prescrite par l'article 13 du « décret du 17 septembre 1808. Ils ignorent sans doute que c'était « prononcer leur destitution. Aussi n'ai-je pas cru devoir leur « appliquer toute la sévérité de la loi. »

Les règlements des petits séminaires durent, en conséquence, être soumis à l'approbation du conseil de l'Université ; et pour régulariser leur situation, des diplômes de bacheliers ès lettres furent accordés à M. Horeau et à M. Poupin, supérieurs des maisons de Château-Gontier et d'Evron. Enfin le grand-maître voulut bien accorder remise des droits universitaires aux élèves pauvres de ces maisons ecclésiastiques ; mais, dans la suite, on se montra plus sévère pour accorder cette exemption, et le 9 mai 1809, l'on répond qu'il est impossible d'accorder au principal de Château-Gontier toutes les remises du droit universitaire qu'il a demandées.

Dans une lettre circulaire adressée le 14 septembre 1810 à MM. les curés, Mgr de Pidoll leur rappelait que tous les élèves qu'ils avaient chez eux, même au nombre de trois seulement, étaient soumis à la rétribution universitaire, sauf le cas d'indigence, et qu'eux-mêmes étaient obligés, comme les maîtres de pensions, à un droit de diplôme décennal et à un autre droit d'exercice annuel. « Je vous « exhorte, ajoutait le vénérable prélat, à prendre les précautions « nécessaires afin que votre zèle pour la gloire de Dieu et le bien de « son Église ne vous occasionne aucune difficulté. »

Le 16 octobre 1810 le grand-maître de l'Université prescrivit que dans toutes les villes où existaient des colléges ou des lycées, les chefs d'institution envoyassent leurs élèves suivre les cours de ces colléges ou lycées. On voulait par cette mesure fortifier les études en ne confiant l'enseignement proprement dit qu'à des professeurs reconnus comme très-capables. Les directeurs des petits séminaires furent obligés de se soumettre à cette prescription : on ne les regardait que comme simples chefs d'institution, et on ne leur laissait que la charge de maîtres de pension et de répétiteurs.

Un décret du 15 novembre 1811 aggrava notablement les prescriptions du grand-maître de l'Université. Il portait dans l'article 28 : « A partir du 1er juillet 1812, toutes les écoles secondaires ecclésias-« tiques, qui ne seraient pas placées dans les villes où se trouvent « un lycée ou un collége, seront fermées. » Et dans l'article 25 : « Toutes ces écoles seront gouvernées par l'Université. Elles ne « pourront être organisées que par elle et régies sous son autorité ; « et l'enseignement ne pourra y être donné que par des membres « de l'Université, étant à la disposition du grand-maître. »

Cette mesure affectait spécialement le diocèse du Mans. Le séminaire proprement dit se trouvait au Mans ; et comme le séminaire de Saint-Saturnin était devenu une école secondaire, il se trouvait soumis aux prescriptions du décret du 15 novembre 1811.

En vain Mgr de Pidoll fit-il valoir l'impossibilité où il était de trouver au Mans une maison convenable pour y installer son petit séminaire ; le grand-maître de l'Université lui répondit le 20 juin 1812 qu'il fallait que Saint-Saturnin fut fermé irrévocablement le 1er juillet et qu'il avait donné des ordres au procureur général et à tous les préfets dans l'étendue de l'Académie d'Angers pour qu'ils eussent à y tenir la main.

L'évêque du Mans dut en conséquence se résoudre à abandonner une maison pour laquelle le diocèse avait fait des sacrifices assez onéreux, et qui par sa situation au centre du diocèse et près de la ville épiscopale convenait si bien pour un petit séminaire. Quelques extraits de la correspondance échangée à cette occasion entre l'administration diocésaine et le recteur de l'Académie d'Angers montrent tout ce que l'exécution de cette mesure eut de vexatoire, malgré les adoucissements qu'on voulut bien donner. Le 16 octobre

1812, le recteur de l'Académie d'Angers écrivait : « Monseigneur, « j'ai transmis à S. E. le grand-maître de l'Université votre lettre « du 5 octobre dans laquelle vous me demandiez qu'il vous fût per- « mis de placer dans des pensions particulières, ou dans des collé- « ges où l'enseignement de la philosophie serait autorisé, vos « jeunes ecclésiastiques, avec dispense de porter l'uniforme. La « position particulière, où vous vous trouvez, m'a paru très-favora- « ble. Il n'a pas dépendu de vous d'avoir une école ecclésiastique. « Vos efforts ont été contrariés par mille obstacles, et vous n'atten- « dez que l'instant propice où vous pourrez exécuter votre utile « projet. »

Le 22 octobre, Mgr de Pidoll répondit : « On ne peut être plus « sensible que je le suis à l'intérêt que vous voulez bien prendre au « sort de mes jeunes élèves, qui, pour se conformer aux règlements « de l'Université, viennent au Mans suivre les cours de rhétorique « et de philosophie. »

« Les pensions où je les place dans la ville ne sont point des « écoles, mais seulement des pensions alimentaires. Il serait cepen- « dant possible que M. le principal du collége m'accordât pour « quelques-uns des chambres dans la partie du vieux bâtiment de « son collége ; et c'est en leur faveur que j'ai eu l'honneur de « m'adresser à vous pour solliciter la permission d'y porter l'habit « ecclésiastique. »

« Il y a encore dans mon diocèse plusieurs colléges où l'enseigne- « ment est autorisé jusqu'à la seconde classe d'humanités. J'ai dans « ces colléges plusieurs élèves qui ont reçu la tonsure. Je sollicite « en leur faveur la même grâce. »

« Je vais m'occuper, pendant le cours de cette année, des moyens « d'en réunir le plus grand nombre possible dans une école secon- « daire ecclésiastique. »

Le 1er décembre 1812, le recteur de l'Académie d'Angers répondit : « S. E. le grand-maître de l'Université voyant l'impossibilité que vous éprouvez d'établir actuellement l'école secondaire ecclésiastique accordée à votre ville épiscopale, me charge de me concerter avec vous, ainsi qu'avec M. le principal du collége du Mans, pour placer dans ce collége les élèves qui se destinent à l'état ecclésiastique, en attendant que l'école qui devra les recevoir puisse être établie. »

« ..... Les dispositions de M. le principal vous sont bien connues ; et dès ce moment je l'autorise à recevoir provisoirement, à quelque titre que ce soit, comme externes ou pensionnaires, les élèves que vous lui indiquerez. Ceux-là jouiront de tous les avantages qu'il est possible d'accorder aux écoles ecclésiastiques. »

« Je l'autorise aujourd'hui même à confier la chaire de philosophie à M. Petit-Didier, dont vous me faites l'honneur de parler dans votre lettre. »

A cette époque, le collége du Mans, par son esprit vraiment religieux et sa discipline intérieure, différait peu de ce que sont aujourd'hui les petits séminaires les plus réguliers. Il le devait à l'habile direction du P. Moissenet, ancien supérieur de la maison de l'Oratoire, qui avait su grouper autour de lui des professeurs animés du même esprit de foi et de dévouement à l'éducation de la jeunesse. Les principaux professeurs étaient prêtres. Sans compter le P. Petit-Didier, appelé au Mans par le choix de Mgr de Pidoll, nous trouvons M. l'abbé de Bigault-d'Harcourt (1), le P. Chamballu (2), le P. Lemercier, ancien professeur de théologie à l'Oratoire, où il s'était fait remarquer par la parfaite orthodoxie de sa doctrine, et par son zèle à combattre les tendances jansénistes de plusieurs de ses confrères. Les laïques comme le P. Renvoisé ou M. Boyer, qui leur furent associés, n'étaient pas moins dignes de la confiance de l'évêque du Mans qui, pour montrer l'estime qu'il professait pour le collége, avait nommé chanoines honoraires de la cathédrale MM. Moissenet et Lemercier,

Cependant l'administration diocésaine cherchait au Mans un local convenable, où elle pût installer le petit séminaire. Faute de mieux, l'on se décida à faire l'acquisition de la maison rue des Chapelains,

(1) M. de Bigault-d'Harcourt fut nommé chanoine titulaire, puis directeur des études à La Flèche et à Laval.

(2) Le P. Chamballu est mort curé de La Bosse.

n° 9, où était établie la pension Bedeau (1). Le 19 août 1813, un décret impérial autorisa l'évêque du Mans à acheter cette maison pour y installer l'école secondaire ecclésiastique ; et les 18 et 21 novembre suivant, le séminaire put solder les 21,000 francs, prix de l'acquisition, au moyen de ressources provenant d'un legs de Mlle La Brainière.

Par un testament olographe du 2 avril 1811, Mlle Renard La Brainière, décédée au mois de mai suivant, avait en effet établi le séminaire du Mans son légataire universel, à la réserve d'un usufruit en faveur d'un de ses héritiers et du legs d'une propriété estimée 45,000, située au Mans, fait à un autre héritier. Deux de ses héritiers étaient fort riches et sans enfants : le troisième était riche, mais avait deux enfants. Un de ces derniers réclama et obtint que le gouvernement réduisit à 38,000 francs le legs fait au profit du séminaire, qui ne put même se faire payer qu'après bien des difficultés. Le surplus des 21,000 francs, prix de l'acquisition de la maison des Chapelains, fut employé en achat de rentes sur l'État pour la dotation du séminaire.

Le 3 novembre 1813, le recteur de l'Académie d'Angers rappelait à Mgr de Pidoll les dispositions du décret du 15 novembre 1811, auxquelles le diocèse du Mans n'avait pas encore satisfait. Il lui demandait la communication des règlements du petit séminaire, qui devaient être approuvés par le conseil de l'Université ; et il insistait pour qu'on lui fît connaître le supérieur et les professeurs de la nouvelle maison, qui restaient sous la dépendance du grand maître de l'Université dont ils devaient faire partie.

M. Carbonnet, supérieur du petit séminaire de Saint-Saturnin,

(1) Outre le collège communal, il n'y avait alors au Mans que deux pensions proprement dites où l'on enseignât les langues française et latine, l'arithmétique, l'histoire et la géographie. La pension Bedeau était l'une d'elles. Le 16 octobre 1812, le recteur de l'académie d'Angers écrivait à son sujet : « Je dois vous prévenir que la pension Bedeau, au Mans, ou toute autre semblable, ne peuvent avoir des pensionnaires au-dessus de neuf ans, et ne répètent les élèves que jusqu'à la quatrième. » L'existence de cette pension dans la rue des Chapelains est une preuve que la rue était mieux habitée qu'elle ne l'est aujourd'hui.

était resté chargé de la cure de cette paroisse (1). Il était donc nécessaire de trouver un autre ecclésiastique qu'on pût mettre à la tête du nouveau petit séminaire. L'administration diocésaine fit choix de M. Germain Gougis, né à Mayenne, mais membre de la Compagnie de Saint-Sulpice (2). Cette vénérable société venait d'être dissoute par l'Empereur, et M. Gougis se trouva libre d'accepter les fonctions que lui offrait Mgr de Pidoll, et qui étaient d'ailleurs si conformes à ses aptitudes et à sa vocation précédente. Mais le gouvernement refusa absolument d'accepter M. Gougis comme supérieur du petit séminaire. Le grand maître de l'Université écrivait le 24 décembre 1813 à Mgr de Pidoll : « Monseigneur, je regrette de ne pouvoir répondre au vœu que vous m'exprimiez en faveur de M. Gougis. Cet ecclésiastique est désigné pour avoir fait partie de la Congrégation de Saint-Sulpice, et, par cette raison, il ne peut être employé dans aucun des établissements dépendant de l'Université. J'ai déjà fait à M. le recteur de l'Académie d'Angers l'indispensable nécessité de prescrire à M. Gougis l'ordre de quitter l'école secondaire. Il est impossible de revenir sur une décision commandée par les ordres supérieurs donnés à l'égard des sulpiciens. »

Malgré un refus si formel, Mgr de Pidoll voulut espérer que le gouvernement reviendrait sur cette exclusion. Au mois de février 1814, il nomma M. Gougis chanoine honoraire de la cathédrale, et la chute de l'Empire vint mettre fin à cette difficulté. Le 2 juin 1814, le recteur de l'Académie d'Angers écrivit à Mgr de Pidoll :

(1) M. Carbonnet fut nommé curé de Saint-Paterne le 20 juillet 1819 ; il est mort dans cette paroisse le 27 juillet 1827.

(2) M. Germain Gougis, né à Mayenne le 14 juin 1781, fit ses études théologiques au séminaire de Saint-Sulpice où il entra en 1804. Sa vocation, toute de dévouement, s'y affermit et s'y développa. En 1808, M. Emery l'admit dans la compagnie et l'envoya au séminaire de Nantes, où il fut chargé d'une classe de théologie. Il fut forcé de quitter ses fonctions en 1812, lors de la dispersion de la compagnie ; mais dès que la paix eut été rendue à l'Église, il se mit à la disposition de M. Duclaux qui le plaça au séminaire d'Angers, où il resta jusqu'à sa mort survenue le 12 avril 1849.

La lettre circulaire dans laquelle M. de Courson annonce la mort de M. Gougis, signale surtout la parfaite régularité, la charité, l'aménité et la patience de cet excellent prêtre, dont la mort fut celle d'un saint.

« Comme les raisons qui ont motivé la décision du 20 décembre « dernier n'existent plus, je suis disposé à nommer M. Gougis « directeur de l'école ecclésiastique. »

M. Gougis resta jusqu'en 1815 supérieur du petit séminaire; et il eut pour collaborateur M. Pierre Péan, de Bonnétable, qui mourut en 1815 âgé de vingt-cinq ans. M. Lucas dit Fontaine fut répétiteur de philosophie dans cette maison de la rue des Chapelains. Nous ne connaissons pas d'autre supérieur ou professeurs de ce petit séminaire qui n'eut qu'une existence éphémère. En 1817 l'administration diocésaine concéda la jouissance de la maison de la rue des Chapelains aux Frères de la doctrine chrétienne, qui y restèrent jusqu'en 1834. Le voisinage des maisons de tolérance devenait de plus en plus gênant; et le séminaire se décida à vendre pour 6,000 francs cette maison restée sans location depuis le départ des Frères. Cette vente fut autorisée par ordonnance royale du 9 février 1840.

CHAPITRE VII

M. Bouvier. — Son entrée au séminaire du Mans

Au mois d'octobre 1811, M. Jean Bouvier avait remplacé à Tessé M. l'abbé Leveau, nommé aumônier de l'hôpital du Mans. Nous devons nous arrêter un instant pour faire connaître ce nouveau professeur, devenu plus tard évêque du Mans, et dont la gloire rejaillit sur le séminaire, où il a professé avec tant d'éclat et dont il est devenu le supérieur et enfin, en mourant, l'un des bienfaiteurs insignes.

M. Bouvier était né à Saint-Charles-la-Forêt le 17 janvier 1783. Le peu de fortune de ses parents, et surtout le malheur des temps l'avaient empêché de commencer ses études classiques pour suivre l'attrait qui, dès l'enfance, le portait à l'état ecclésiastique. Ayant pu se procurer un remplaçant militaire et libre désormais de la dure loi de la conscription, il se remit à l'étude et il compléta une instruction qu'il n'avait pu qu'ébaucher en se livrant avec son père à des travaux manuels. Un vénérable prêtre se fit son précepteur, et M. Bouvier profita si bien de ses leçons que, dès l'année 1804, il fut admis à suivre le cours de philosophie au collège de Château-Gontier (1). L'année suivante il fut envoyé à Angers, au séminaire que Mgr Montault avait organisé dans son palais épiscopal, et où les séminaristes réunis des diocèses d'Angers, du Mans et de Nantes formaient à peine une douzaine.

Ordonné prêtre le 24 septembre 1808, M. Bouvier retourna professer la philosophie au collège de Château-Gontier, où le vénérable M. Horeau s'était empressé de le rappeler. Outre son cours de philosophie, il était chargé de l'instruction religieuse des élèves qui presque tous recouraient à lui pour la confession. De plus il donnait ses soins à la communauté et au pensionnat des Ursulines, attenant au collège, et il acceptait assez souvent d'aller prêcher dans les paroisses voisines de Château-Gontier.

Pour pouvoir faire face à des occupations si multipliées et que justifie la pénurie de prêtres dont on souffrait à cette époque, M. Bouvier se couchait régulièrement à dix heures et se levait chaque matin à quatre heures. Si nous ajoutons qu'il joignait à cela le soin le plus scrupuleux de ne laisser passer aucun instant sans se livrer à un travail proprement dit, nous comprendrons qu'il ait pu

(1) M. Horeau, savait utiliser toutes les ressources ; il confia un cours élémentaire de français à M. Bouvier, qui le professa tout en suivant le cours de philosophie. Voir le personnel du collège de Château-Gontier en 1805, dans le travail publié par M. Guyais-Destouches dans la *Semaine* du 15 novembre 1873.

satisfaire à des obligations si diverses et compléter son instruction littéraire ou théologique (1).

L'administration diocésaine songea à appeler M. Bouvier au séminaire de Saint-Saturnin pour y professer la théologie. Mais M. Horeau fit si bien valoir le besoin qu'il avait d'un tel coopérateur, qu'il obtint de le garder quelques années ; et M. Bouvier n'entra au séminaire de Tessé qu'au mois d'octobre 1811.

M. Bouvier avait connu au séminaire d'Angers M. l'abbé Fréart, prêtre du diocèse de Nantes. Tous les deux ils s'étaient entretenus des misères spirituelles de la France, privée d'instruction religieuse depuis près de quinze ans, et du bien que produiraient des missionnaires allant prêcher les grandes vérités de la religion et ranimant la foi avec la pratique des vertus chrétiennes. Ils s'étaient promis l'un à l'autre de s'associer pour une œuvre si utile. M. Fréart se livra en effet à ce ministère aussi pénible que consolant pendant de nombreuses années. M. l'abbé Bouvier, appelé ailleurs par la volonté de ses supérieurs ecclésiastiques, ne put suivre ce premier attrait de son zèle.

Quelques années après, nous voyons encore M Bouvier essayer de quitter le séminaire du Mans pour embrasser une vocation plus difficile.

La suppression de la Compagnie de Jésus avait porté le coup le plus funeste aux missions catholiques. La Révolution française avait presque consommé cette ruine en tarissant les ressources matérielles et du personnel que les missions retiraient des ordres religieux, et en empêchant le recrutement du clergé pendant de longues années de persécution, non-seulement en France, mais en Belgique, en Italie et dans les autres pays catholiques. Dans les missions autrefois les plus florissantes, il ne restait plus que quelques évêques ou missionnaires épuisés par l'âge et par les travaux. Un pressant appel fut fait au clergé français pour qu'on ne laissât pas périr les missions catholiques desservies depuis plusieurs siè-

(1) Jusqu'à la fin de sa vie Mgr Bouvier continua de se lever très-matin ; mais depuis son entrée au séminaire du Mans, il ne le faisait plus qu'à quatre heures et demie.

cles par des prêtres français. Les besoins de l'Eglise de France, quoique bien dignes d'intérêt, n'étaient rien en comparaison de ceux des missions menacées de n'avoir plus de chefs.

Cet appel fut entendu de M. l'abbé Bouvier. Il écrivit au directeur du séminaire des Missions étrangères de Paris pour demander à être admis dans cette société. M. Alary, supérieur, écrivit à Mgr l'évêque du Mans pour lui demander de vouloir bien autoriser M. l'abbé Bouvier à quitter le séminaire.

Voici la réponse que fit Mgr de Pidoll le 7 septembre 1814 : « Je « regrette, Monsieur, plus que je ne puis vous l'exprimer, de ne « pouvoir accéder à la demande que vous me faites de M. Bou- « vier. Je conviens qu'il a toutes les qualités propres à faire un « bon missionnaire. J'en ferais volontiers le sacrifice si j'avais « moyen de le remplacer ; mais je ne puis trouver personne dans « mon diocèse qui me dédommage de la perte que je ferais. Il a un « talent particulier pour inspirer aux jeunes gens l'amour de la « vertu, et il en est généralement aimé et respecté. Je partage bien « sincèrement, Monsieur, votre zèle pour la conversion des infidèles, « mais la mission particulière d'un évêque est de travailler à la « conversion de ses diocésains. M. Bouvier, en m'aidant à former « de bons prêtres, y contribuera efficacement. En restant dans mon « séminaire, il ne sera peut-être pas inutile à votre congrégation ; « il saura discerner les jeunes gens qui annonceront des disposi- « tions pour l'état de missionnaire. Je vous les céderai volontiers, « n'ayant rien tant à cœur que de vous seconder dans une œuvre « aussi méritoire. Je serai également jaloux de vous témoigner en « toute occasion la respectueuse considération avec laquelle j'ai « l'honneur d'être, etc.

« ✝ J.-M., évêque du Mans. »

M. l'abbé Bouvier vit dans la décision de ses supérieurs la volonté même de Dieu : il ne songea plus qu'à se consacrer entièrement au ministère si utile de former l'esprit et le cœur de ceux qui étaient appelés à l'honneur du sacerdoce, mais il resta toujours dévoué au séminaire des Missions étrangères ; pendant longtemps il descendit dans cette maison toutes les fois que ses affaires l'appelèrent à Paris. Toujours aussi il favorisa les vocations, qui lui parurent sérieuses. pour l'œuvre si belle des Missions étrangères.

Dans la préface de la première édition complète de sa *Théologie*, Mgr Bouvier rend compte de ses travaux comme professeur au séminaire du Mans : « Lorsque la divine Providence, qui nous conduit souvent par des voies aussi admirables que cachées, permit que nous fussions appelé dans l'année 1811 du collège de Château-Gontier, où nous professions la philosophie, au séminaire de Tessé, où nous fûmes chargé d'enseigner la théologie, nous vîmes avec peine que les élèves n'avaient entre les mains qu'un manuel de théologie aussi incomplet qu'insuffisant. Nous essayâmes d'y suppléer par des notes manuscrites. Nous composâmes alors et nous commençâmes tout d'abord à dicter les deux traités de la *Restitution* et des *Contrats*, mis au courant de la nouvelle législation du Code civil.

« Mais nous ne tardâmes pas à voir que ce procédé avait plusieurs inconvénients : perte de temps et ennui pour les élèves, fatigue et même danger pour leur santé. Leurs manuscrits imparfaits et incorrects présentaient souvent des choses fausses ou contradictoires. Désirant autant que possible parer à ces inconvénients, nous nous décidâmes à faire imprimer et à publier en 1818 et 1819 ces deux traités de la *Restitution* et des *Contrats* (1). Le succès dépassa toutes nos espérances, et d'année en année nous continuâmes à publier des traités séparés qui eurent de nombreuses éditions. »

Le souvenir de M. l'abbé Hamon se trouve intimement lié à celui des premières années du professorat de M. Bouvier au séminaire de Tessé. « M. Hamon (2) y entra en 1812, presque en même « temps que Mgr Bouvier, pour lequel il conçut aussitôt la con- « fiance la plus entière et un attachement uni au respect le plus « profond.

« Il fallait d'abord dicter ses leçons aux élèves ; il fallait se tracer

(1) L'*Ami de la Religion* annonça avec éloges l'apparition des deux traités, qui furent bientôt répandus dans tous les séminaires de France, et qui firent connaître le savant professeur du séminaire du Mans.

(2) Notice sur M. l'abbé Hamon, p. 3.

« une marche presque sans aucun secours, et satisfaire au désir de « savoir que montraient des auditeurs pressés, parmi lesquels l'ar-« deur était générale et les talents nombreux »

Mgr Bouvier aimait à rappeler le souvenir de ces premières années de son séjour à Tessé ; souvent nous l'avons entendu parler de l'ardeur avec laquelle maîtres et élèves se livraient à l'étude de la théologie, et surtout de l'enthousiasme que causaient à M. l'abbé Hamon les merveilleuses perspectives que lui ouvrait la fréquentation des grands théologiens, dont il avait à peine soupçonné l'existence, tant ses premières études avaient été élémentaires.

CHAPITRE VIII

Dons et legs en faveur du séminaire — Famine de 1811

Les deux départements de la Sarthe et de la Mayenne ne se contentèrent pas de faire l'acquisition du séminaire de Tessé. Ils commencèrent, dès l'année 1809, à payer 15,000 francs de bourses annuelles pour aider les séminaristes pauvres à faire les frais de leur pension ; ils donnèrent aussi chaque année une subvention de 3,600 francs pour le traitement du supérieur et des professeurs du séminaire ; enfin presque tous les ans nous les voyons voter des fonds pour les réparations du séminaire ou pour l'acquisition du mobilier de cette maison.

Les fidèles ne se montrent pas moins généreux, encouragés du reste par les sacrifices que s'imposent les membres du clergé. Le plus grand nombre des bienfaiteurs du Séminaire n'a voulu être connu que de Dieu seul. Mais pour plusieurs autres, nous retrouvons leurs noms dans des actes publics. Il nous a semblé qu'il était de notre devoir d'en conserver ici le souvenir.

Par un acte du 1er février 1811, Mlle Léon Guyais-Destouches, s'engagea à faire au Séminaire une rente de 148 francs, qui a été payée jusqu'en 1844, pour aider à l'éducation d'étudiants ecclésiastiques pauvres. Elle accomplissait en cela les volontés de M. l'abbé Pierre-Léon Touchard de Sainte-Plenne, son oncle, qui avait un zèle tout particulier pour favoriser les vocations ecclésiastiques. Dans le même temps, trois autres héritiers de M. de Sainte-Plenne, M. Duchemin de Villiers, Mme Boullier, née Duchemin, et Mlle Arthémise Duchemin de Villiers, remettaient aussi au Séminaire une somme de 2,900 francs (1). M. l'abbé Dubignon, directeur au séminaire donna 2,000 francs. M. Pasquier, curé de Crannes, lègue 300 francs; M. Morin, prêtre à Laval, 1,000 francs; M. Jérôme Fay, chanoine honoraire, 300 francs; et M. Péan, chanoine honoraire, ancien curé de Vallon, 435 francs.

Le 11 mars 1808, Mme Gautier, épouse de M. Pierre-Godefroy Courtin de Torsay, lègue au Séminaire un capital de 4,000 fr. Le 31 juillet 1812, un décret signé par l'empereur au quartier général de Wiltespk, autorise l'acceptation d'une rente annuelle de cent francs, fondée par les demoiselles Marie-Nicole, Charlotte-Françoise et Madeleine-Marguerite Perdrigeon. Un autre décret du 28 avril 1813, daté du quartier général d'Erfurt, autorise le Séminaire à accepter le legs que lui avait fait M Tourteau, décédé curé de Lavardin, de sa bibliothèque composée de 1,705 volumes. En s'occupant de ces affaires, en réalité bien minimes, au milieu des préoccupations de la guerre la plus acharnée, l'empereur semblait vouloir montrer que sa main toute-puissante continuait à gouverner la France.

Le 5 janvier 1813, M. Guillaume Chassevent et dame Louise Gras-

(1) Il paraît qu'en 1810, époque de la mort de M. Touchard de Sainte-Plenne, quelques personnes songeaient à établir un petit séminaire dans l'ancien monastère du Port-Ringeard. M. Touchard fit un legs en faveur de ce séminaire s'il existait.

sin, son épouse, donnent une rente annuelle de 90 doubles décalitres de blé-froment à charge de services religieux. Le 17 février 1814, Mlle Madeleine-Jeanne Maulny lègue 6,000 francs qui furent employés à l'acquisition d'une rente sur l'Etat.

Enfin nous trouvons un don de 1,500 francs fait par Mme de la Rongère de Laval, et un autre de 2,200 francs, par Mlle Saulon-la-Martinière de Cossé-le-Vivien, au moment où, par suite de la famine, les besoins du Séminaire étaient plus urgents.

Ces dons et legs, malgré leur importance réelle, étaient peu cependant pour faire face aux charges qui grevaient le Séminaire. Près de quatre cents étudiants étaient répartis non-seulement entre les séminaires proprement dits (1), mais se trouvaient placés dans presque toutes les maisons d'instruction du diocèse : au Mans, à Laval, à Mayenne, à Château-Gontier, à Ernée et même au collège de la Ferté-Macé. Le diocèse donnait aux élèves les plus pauvres un secours qui leur permettait de payer une pension bien modique chez des personnes chrétiennes qui voulaient bien les recevoir pendant leurs études. Presque partout, en effet, sauf à Château-Gontier, les étudiants ecclésiastiques étaient externes. Nous voyons aussi pendant plusieurs années des secours accordés à des élèves de M. Ragot, maître de pension à Fresnay, qui se dévouait avec un zèle admirable à leur enseigner les premiers éléments de la langue latine.

La charge de payer tous ces secours, et surtout l'entretien des élèves des deux séminaires du Mans, devinrent très lourds pendant l'extrême disette qui affligea la France durant le cours de l'hiver de 1811 à 1812. Le 24 janvier 1812, le boisseau de blé coûtait 5 livres 18 sous; en février, il vaut 6 livres 4 sous; le 3 avril, 8 livres 12 sous; le 29 mai, 9 livres 10 sous; et enfin, au mois de juin il atteint le prix de 13 livres. Aussi voyons-nous par les comptes du séminaire qu'on n'achète le blé que par petites quantités, au fur et à mesure des besoins les plus urgents, et qu'on se trouve dans l'obli-

(1) MM. Turmeau et Plaçais étaient au séminaire d'Angers, quoique appartenant au diocèse du Mans. M. Turmeau est mort en 1846, curé de Louvigné; il avait fait les guerres de la Chouannerie, et il avait assisté à la bataille du Mans. M. Placais est décédé en 1848, curé d'Allonnes.

gation de rechercher quelque économie dans l'achat de blés, dits de mouture, d'une moindre qualité. Cependant, malgré cette disette si extrême, le Séminaire put conserver ses élèves et pourvoir à leurs besoins, au moment où les personnes riches se trouvaient elles-mêmes gênées, et étaient obligées d'augmenter leurs charités ordinaires pour soulager les souffrances des pauvres, qui par troupes nombreuses parcouraient les campagnes en sollicitant les aumônes.

A peine cette famine avait-elle cessé de sévir en France, que commença la funeste campagne de Russie, suivie de ses désastres effrayants, puis de l'envahissement de la France par les armées coalisées. Ces événements ne touchèrent qu'indirectement le séminaire du Mans. Mais quel Français aurait pu se montrer insensible aux malheurs de la patrie ? La fin de tous ces désastres fut l'abdication de l'Empereur et le retour de Louis XVIII qui remonta sur le trône de ses pères.

La première conséquence de ces événements politiques pour les séminaires fut la suppression du décret si vexatoire du 15 novembre 1811. Les évêques recouvrèrent la liberté d'établir leurs écoles ecclésiastiques partout où bon leur semblerait, et ne furent plus obligés de faire suivre les cours des maisons de l'Université aux élèves de ces petits séminaires. Ce décret fut, il est vrai, rétabli pendant les Cent Jours ; mais la chute définitive de l'Empire amena son abolition. Le 15 septembre 1814, le ministre des affaires ecclésiastiques annonça aux évêques qu'ils n'auraient plus besoin de solliciter d'autorisation pour promouvoir leurs sujets aux ordres sacrés. Enfin la rétribution universitaire cessa d'être imposée aux élèves des grands et des petits séminaires. Pour les étudiants ecclésiastiques placés dans des maisons dépendantes de l'Université, on continua d'accorder des exemptions à ceux qui appartenaient à des familles pauvres. Le collège de Château-Gontier avait beaucoup de ces étudiants, et un certain nombre d'entre eux se trouvaient soumis à la rétribution universitaire. Le vénérable M. Horeau avait peine à se plier à ces exigences ; et nous retrouvons de nombreuses plaintes adressées à l'évêque du Mans contre le principal du collège de Château-Gontier, en retard pour se libérer de ces redevances universitaires.

CHAPITRE IX

Demandes d'un nouveau local pour le séminaire. — Concession de la Mission puis de l'ancienne abbaye de Saint-Vincent.

Une note de M. Duperrier nous fait connaître quel était, en 1814, l'état du séminaire de Tessé.

« Cet hôtel, soi-disant séminaire, se compose de quatre corps de bâtiments.

« Le premier contient 19 cellules et 4 chambres, dont une sert de garde-meubles. Sur ces 19 cellules, il y en a 7 dans la mansarde, sous les toits. Les jeunes gens qui y demeurent y sont transis de froid pendant l'hiver et étouffent par la chaleur pendant l'été.

« Le second corps de bâtiment est séparé du premier par la cour d'entrée qui a 54 pieds de largeur. Il renferme 34 cellules. Il n'y a pas une seule chambre où l'on puisse loger un professeur ou directeur qui surveille les jeunes gens.

« Le troisième corps de bâtiment est situé à l'extrémité d'une terrasse qui a 384 pieds de longueur. La distance de ce troisième bâtiment au second est de 222 pieds. Il renferme 2 chambres et 7 cellules dont 5 sont situées dans la mansarde.

« Enfin, le quatrième corps de bâtiment est séparé du troisième par une cour de 40 pieds de largeur. Il contient au premier étage 6 cellules et 7 au rez-de-chaussée; en tout 13 cellules.

« Ainsi la composition du séminaire de Tessé est de 73 cellules dont 12 en mansardes et sous les ardoises; plus 5 chambres pour le supérieur et pour les professeurs, et un garde-meubles. Pour se rendre au premier corps de bâtiment, où se trouvent le réfectoire et la salle d'exercices, les jeunes gens doivent parcourir, tant en été qu'en hiver, une terrasse de 384 pieds, sans aucun abri contre les intempéries de l'air. »

Plusieurs parties de ces bâtiments étaient en très mauvais état et avaient dû être étayées.

Une telle situation n'était guère tolérable. Aussi voyons-nous l'administration diocésaine profiter du retour des Bourbons et des dispositions bienveillantes du nouveau gouvernement pour les intérêts de l'Eglise, et solliciter de nouveau la concession de l'ancien séminaire de la Mission. Les députés de la Sarthe, MM. de Montmorency, de Dreux-Brézé et de Musset firent de nombreuses démarches aux ministères de l'intérieur et de la guerre pour mener à bonne fin cette négociation aussi difficile que délicate. M. de Musset engageait vivement l'administration diocésaine, un peu hésitante, à ne pas songer à Saint-Vincent et à concentrer tous les efforts pour obtenir la Mission.

Mgr de Pidoll suivit ce conseil. Dans une lettre du mois d'août 1814, adressée à M. le préfet de la Sarthe, il énumère toutes les raisons qui lui font désirer la concession de l'ancien séminaire de la Mission. L'ancienne église, disait-il, sera utile aux fidèles du voisinage, et les séminaristes pourront facilement se former aux cérémonies religieuses dans cette église où toute leur pompe peut se déployer. La maison ne lui paraissait pas trop grande, eu égard à l'étendue du diocèse pour les besoins duquel 120 séminaristes n'étaient que suffisants. Des chambres pouvaient être réservées aux prêtres âgés ou infirmes qui s'y retireraient, et qui jusqu'alors manquaient complètement d'asile. Enfin l'on pourrait former au séminaire quelques jeunes ecclésiastiques, ayant des aptitudes particulières pour la prédication, et qui, après quelques années d'études spéciales, rendraient de grands services au diocèse. Par son étendue même, l'ancien séminaire de Coëffort remplirait parfaitement ce triple but.

Malgré tout ce que ce projet avait de séduisant, l'on dut y renoncer et songer à demander la concession de l'ancien monastère de Saint-Vincent. Le 15 octobre 1814, Mgr de Pidoll pria le conseil général de la Sarthe d'appuyer auprès du ministre la concession de Saint-

Vincent. « L'abbaye de Saint-Vincent, écrivait-il, est infiniment préférable à la maison de la Mission, tant à cause de la solidité des bâtiments, que par la division des corridors, des cellules et la proximité de la cathédrale. La maison de la Mission est dans un tel état de dégradation qu'elle exigerait des dépenses très considérables, auxquelles il me serait impossible de faire face si le gouvernement ne s'en chargeait. Si j'en ai fait la demande, ce n'est que par l'impossibilité où je me croyais réduit d'obtenir Saint-Vincent. Encore ignorais-je l'état de délabrement de cet ancien séminaire, à tel point que pour le rétablir il faudrait 200,000 francs. »

Dans une lettre écrite le 5 décembre 1814 à M. de Musset, qui insistait pour qu'on fit la demande de l'ancien séminaire de la Mission, Mgr de Pidoll disait : « J'ai fait examiner la Mission par des experts très désintéressés. L'église seule serait une dépense de plus de 20,000 francs. Les cloisons des bâtiments ont été détruites ; plusieurs planchers sont tombés..... A quoi me servirait une maison qu'il serait impossible d'habiter d'ici trois ans ? Saint-Vincent sera habitable dès le moment que le gouvernement voudra bien me l'accorder. »

Mgr de Pidoll persista donc dans la demande qu'il avait faite de l'ancien monastère de Saint-Vincent, demande appuyée par le conseil général de la Sarthe, le 24 octobre 1814. Le 2 novembre suivant, M. Jourdan, conseiller d'Etat, chargé spécialement au ministère de l'intérieur de toutes les affaires des cultes, et très bien disposé pour les intérêts religieux, écrivait à Mgr de Pidoll qu'on allait présenter à la signature du roi l'ordonnance faisant concession au diocèse du Mans de l'ancien séminaire de la Mission, quand était arrivée la demande de l'ancien monastère de Saint-Vincent ; que l'affaire allait être examinée de nouveau ; mais qu'on avait lieu de craindre des difficultés de la part du ministre de la guerre.

Le 8 février 1815, le maréchal Soult, duc de Dalmatie, ministre de la guerre, répondit en effet par un refus formel de céder pour le séminaire la maison de Saint-Vincent servant de caserne.

Dans l'impossibilité d'obtenir la concession de Saint-Vincent, et reculant devant les difficultés de réparer l'ancien séminaire de la

Mission, Mgr de Pidoll revint à l'idée d'installer son séminaire au collège de l'Oratoire. Le 20 février 1815, il écrivait à M. Jourdan, conseiller d'Etat : « Je n'ai plus qu'une dernière ressource à vous proposer. Nous avons près l'hôtel de Tessé un collège bâti il y a soixante ans. Je trouverais moyen d'y loger mes séminaristes. Il renferme toutes les commodités qu'on peut désirer : une jolie église, des salles et des classes. Je me chargerais d'y faire enseigner tout ce qu'on y enseigne aujourd'hui ; de sorte que la ville n'en souffrirait aucun préjudice. Il y a plusieurs cours. Celle des classes pour les externes n'aurait aucune communication avec celle du séminaire. Ce qui resterait de l'hôtel de Tessé, réuni aux bâtiments du collège, me procurerait le moyen d'établir dans ces deux maisons un petit séminaire et un pensionnat fort avantageux aux enfants de la ville et même du département. Cette proposition me paraît d'autant mieux fondée que le collège a été bâti avec le titre de séminaire-collège. Ce serait le moyen de procurer au diocèse de bons prêtres, et à la jeunesse une éducation chrétienne. »

Le retour inopiné de Napoléon, le 1er mars 1815, et les graves événements politiques qui furent la suite de cette tentative déplorable, suspendirent toutes les négociations relatives au séminaire.

M. l'abbé Dubignon profita d'un voyage qu'il fit à Paris pendant les vacances de 1815 pour faire une nouvelle tentative. Voici la lettre qu'il écrivit à Mgr de Pidoll, le 20 septembre 1815.

« Je m'étais engagé à vous rendre compte de ma visite à M. Jourdan, au sujet de notre séminaire. En voici le résultat.

« Le projet d'ordonnance pour la concession de la Mission était préparé et devait être présenté à la signature de Sa Majesté, le jour même où M. Jourdan reçut votre nouvelle demande de Saint-Vincent, accompagnée de toutes les pièces, que devaient appuyer MM. les députés. Cette demande aboutit à un refus et tout est resté là

« Ainsi vu le refus du ministre de la guerre de l'abbaye de Saint-Vincent, M. Jourdan vous engage à lui écrire pour reprendre le projet concernant la Mission, dont il ose espérer un prompt succès. Si mes services vous sont agréables, je présenterai votre lettre, ou du moins empêcherai par mes sollicitations qu'elle ne reste à l'écart dans les bureaux.

« Je ne crois pas, Monseigneur, devoir répéter les offres que j'ai eu l'honneur de vous faire par écrit. Je prie M. le curé de Saint-Julien d'entrer sur cela dans quelques détails qui lui sont bien connus et que je craindrais de ne pouvoir mettre tout au long (1).

« Voici deux articles dont il a été question avec M. Jourdan : 1° On ne fera pas mention, dans la demande de la Mission, de la maison de Tessé, afin qu'on puisse la garder ou la demander par la suite pour le petit séminaire ; 2° on ne ferait point également mention de la maison qu'occupe présentement le petit séminaire, afin de ne point entraver la demande de la Mission.

« Si j'osais, Monseigneur, vous demander une grâce, je vous conjurerais au nom de Notre-Seigneur de demander la Mission qui est votre ancien séminaire, qu'a habité saint Vincent de Paul, et dont l'église serait rendue au culte de Marie et arrachée à la profanation.

« Daignez agréer, etc.,

» DUBIGNON, prêtre du séminaire (2). »

L'administration diocésaine suivit la marche qu'on lui indiquait et forma une nouvelle demande pour obtenir la concession de l'ancien séminaire de la Mission. Cette demande fut favorablement accueillie. Une ordonnance royale du 4 mars 1816, après avoir supprimé le dépôt de mendicité existant au Mans dans les bâtiments de l'ancien séminaire, statua, article 3 : « Le préfet du département est autorisé à remettre M. l'évêque en possession des bâtiments et dépendances de la maison de la Mission pour établir le séminaire diocésain, en échange de l'hôtel de Tessé, servant actuellement de

(1) M. Dubignon s'était engagé à faire à ses propres frais les réparations de l'ancien séminaire de la Mission. L'administration diocésaine, tout en étant reconnaissante de la générosité du vénérable directeur, craignait, non sans raison, qu'il ne prît des engagements au-dessus de ses forces.

(2) Cette lettre nous a paru digne d'être conservée à cause des nobles sentiments qu'elle exprime et comme souvenir de M. Dubignon, directeur pendant de longues années et bienfaiteur du séminaire. M. l'abbé Dubignon avait une très belle écriture comme le prouve l'autographe de la lettre que nous avons reproduite.

séminaire, lequel est rendu au département pour recevoir ultérieurement la destination qui sera jugée la plus utile. »

A peine eut-il reçu avis de cette concession, que Mgr de Pidoll s'empressa, le 14 mars 1816, d'écrire au ministre de l'intérieur pour obtenir de conserver les bâtiments de Tessé pour y établir le petit séminaire. Ce séminaire était très mal placé dans la rue des Chapelains, et il était urgent de le mettre ailleurs. M. Fery, secrétaire général de l'administration des cultes, répondit dès le 22 mars : « Je suis aussi bien disposé à vous faire obtenir Tessé pour votre école ecclésiastique, que je l'ai été pour vous faire accorder la Mission pour votre séminaire. »

Sans perdre de temps, Mgr de Pidoll s'occupa des réparations les plus urgentes à faire au séminaire de la Mission. Il s'adressa au ministre de la marine pour obtenir des bois de fortes dimensions pouvant servir pour les planchers. Le 12 avril 1816, le ministre répond qu'il a donné des ordres à l'officier du génie, chef du 4e arrondissement forestier à Nantes, pour qu'on choisisse, parmi les bois marqués pour la marine, les pièces qu'il sera possible d'affecter aux réparations du séminaire, sans nuire essentiellement au service des constructions navales.

Le 20 mars 1816, M. Pasquier, préfet de la Sarthe, avait pris un arrêté pour faire évacuer l'ancien séminaire de la Mission, où, comme nous l'avons dit, l'on avait établi une caserne pour quelques corps de troupe, la manutention militaire, le dépôt de mendicité et une pépinière départementale. Un incident imprévu se produisit sur ces entrefaites. Le 26 mars, le duc de Feltre, ministre de la guerre, demanda que la Mission fut affectée au service militaire et il offrit en échange au diocèse du Mans l'ancien monastère de St-Vincent, qu'on reconnaissait peu propre à servir de caserne de cavalerie. « Les ressources locales en vivres et fourrages, écrivait le ministre, se joignent sous le rapport militaire à la convenance d'avoir au Mans de préférence une garnison fixe de cavalerie, qui forme une réserve toujours prête à agir en cas de besoin ; attendu que cette ville, par sa position et les grandes routes qui y aboutissent, est essentiellement liée au système de police des départements voisins, et à la surveillance militaire d'une partie de la côte. » M. le préfet de la Sarthe fut chargé de négocier cet échange avec Mgr l'évêque du Mans.

Il semblerait tout d'abord que l'administration diocésaine aurait dû accepter avec empressement une combinaison si longtemps désirée par elle. Il en fut tout autrement. En vain le préfet de la Sarthe fit valoir les raisons données par le ministre de la guerre, en ajoutant qu'en acceptant l'échange demandé l'administration diocésaine obtiendrait bien plus facilement d'être maintenue en possession de la maison de Tessé, Mgr de Pidoll persistait à demander qu'on mit le diocèse en possession de l'ancien séminaire de la Mission. La correspondance échangée à cette occasion ne nous fait pas connaître les raisons de cette opposition si inattendue de Mgr de Pidoll. Nous croyons qu'une des principales fut le vandalisme dont l'administration de la guerre venait de se rendre coupable en démolissant la belle église de Saint-Vincent et les cloîtres de la cour du Nord (1). Privée de son église, l'ancienne abbaye n'offrait plus les mêmes avantages pour le séminaire.

Le ministre de l'intérieur, M. de Vaublanc, écrivit à Mgr de Pidoll, le 10 avril 1816, pour l'amener à consentir à l'échange demandé. Il lui faisait observer que, pour approprier la maison de la Mission à une caserne de cavalerie, il suffisait d'une dépense de 15,000 francs, tandis qu'il faudrait plus de 300,000 francs pour transporter à Saint Vincent la manutention militaire et pour les autres travaux que nécessiterait l'installation définitive d'un régiment de cavalerie.

Le 13 avril, le secrétaire général du ministère des affaires ecclésiastiques écrit de son côté à Mgr du Mans pour obtenir qu'il accepte St-Vincent. Aux raisons déjà alléguées, il ajoute que, si l'on refuse l'échange, l'administration de la guerre devra prendre Tessé pour y

(1) Cette démolition eut lieu seulement en 1815, au témoignage de M. Richelet qui l'affirme dans son ouvrage *Le Mans ancien et moderne*, publié en 1830. On se décida à cette mesure quand on eut l'intention d'installer définitivement une caserne dans les bâtiments de l'ancien monastère de Saint-Vincent. L'église abbatiale était, croit-on, du XIIe siècle. Elle renfermait un jubé remarquable par les figures dont les deux Labarre l'avaient décoré.

établir la manutention. Le même jour, le préfet de la Sarthe écrit à Mgr de Pidoll pour lui faire connaître les désirs des deux ministres de l'intérieur et de la guerre. L'administration diocésaine ne pouvait résister à tant d'instances : Mgr de Pidoll écrivit le 15 avril qu'il acceptait Saint-Vincent pour séminaire en échange des bâtiments de la Mission. Une ordonnance royale du 6 mai 1816 autorisa cet échange. En voici les dispositions :

Louis, par la grâce de Dieu, roi de France et de Navarre, à tous ceux qui ces présentes verront, salut.

Sur le rapport de notre cousin l'archevêque-duc de Reims, administrateur général des affaires ecclésiastiques,

Nous avons ordonné et ordonnons ce qui suit :

Article premier.— Le préfet du département de la Sarthe est autorisé à céder à l'évêque du Mans, pour l'usage de son séminaire diocésain et celui de son école ecclésiastique, les bâtiments, terrains et dépendances non aliénés de l'ancienne abbaye de Saint-Vincent, servant actuellement de caserne, et de l'hôtel de Tessé, où est présentement le séminaire, et à recevoir en échange, pour le service militaire, les bâtiments et dépendances du séminaire de la Mission, rendu parnotre ordonnance du 4 mars dernier à sa première destination.

Art. 2.— Les conseils généraux de la Sarthe et de la Mayenne sont respectivement autorisés à voter dans leur première session les fonds nécessaires pour les réparations des bâtiments de Saint-Vincent et pour l'acquisition d'un terrain propre à former le jardin du séminaire.

Art. 3. —Notre ministre secrétaire d'État au département de l'Intérieur, et notre administrateur général des affaires ecclésiastiques sont chargés de l'exécution de la présente ordonnance, chacun en ce qui le concerne

Donné en notre château des Tuileries, le 6 mai 1816.

Signé : Louis.

Par le Roi :

Le ministre secrétaire d'État au département de l'Intérieur, Lainé.

CHAPITRE X

Installation du séminaire à Saint-Vincent. — Construction de la chapelle

Si l'administration diocésaine regrettait, non sans quelques raisons, les bâtiments et les vastes dépendances de l'ancien séminaire de la Mission ; s'il était surtout pénible de penser que la belle église de N.-D de Coëffort continuerait à être profanée par la nouvelle destination qu'elle avait reçue, nous devons dire cependant qu'au point de vue des souvenirs religieux, le diocèse était suffisamment dédommagé en obtenant Saint-Vincent. Fondé en 552 par saint Domnole, évêque du Mans, qui y avait choisi sa sépulture, restauré au IXe siècle, après les invasions des Normands, par un autre évêque du Mans, Robert, cet antique monastère avait longtemps servi à la sépulture des évêques. Sans compter saint Domnole, Herlemont Ier, mort en 725, Francon le Vieux, en 816, Robert, en 833, Maynard, en 970, Arnauld, en 1081, et Guillaume de Passavant, en 1187, reposaient dans l'église abbatiale. François de Luxembourg et son oncle le cardinal Philippe de Luxembourg, évêques du Mans, avaient voulu aussi que leurs cœurs fussent déposés dans un caveau en face du grand autel. Quatre autres évêques du Mans avaient choisi leur sépulture dans la salle capitulaire (1) : Vulgrin, en 1064, Hoël, en 1097, Guy d'Etampes, en 1136, et Hugues de Saint-Calais,

(1) La salle capitulaire de Saint-Vincent a été détruite : elle reliait le corps principal du bâtiment avec l'église abbatiale. Les cloîtres formaient un carré parfait dont les quatre côtés étaient : l'église, la salle actuelle des conférences, le réfectoire et enfin la salle capitulaire.

en 1144. Enfin, pendant plusieurs siècles, le monastère de Saint-Vincent avait été le lieu de sépulture des chanoines de la cathédrale; et pour leur assurer ce droit, aussi bien qu'aux évêques du Mans, ses successeurs, Gervais de Château-du-Loir avait donné une prébende de la cathédrale aux religieux de Saint-Vincent.

Le souvenir des savants bénédictins de la congrégation de Saint-Maur, dont les travaux littéraires sont l'honneur de l'Eglise et de la France, était une gloire pour le nouveau séminaire. C'est à Saint-Vincent que Dom Rivet avait passé les trente dernières années de sa vie, et qu'il avait composé et publié les neuf premiers volumes de l'*Histoire littéraire de la France*. Ses collaborateurs, bénédictins du monastère de Saint-Vincent, firent paraître les trois volumes suivants.

Enfin le patronage même des saints diacres martyrs, Vincent et Laurent, semblait avoir été ménagé par la divine Providence aux jeunes lévites qui se formeraient au séminaire, et qui trouveraient dans ces saints le modèle des vertus qu'ils doivent spécialement pratiquer.

Nous avons déjà dit qu'on venait d'abattre l'église abbatiale, la salle capitulaire et les cloîtres de l'ancien monastère de Saint-Vincent. Cette maison avait souffert bien d'autres mutilations : deux rues ouvertes dans l'ancien enclos avaient réduit à quelques cours et à un jardin bien insuffisant les dépendances de cette vaste habitation. L'enclos avait été aliéné, ainsi que quelques dépendances sur la rue du Tertre-Saint-Laurent, où les nouveaux propriétaires avaient fait élever des maisons. Aussi, dans l'ordonnance qui avait autorisé l'échange de la Mission contre la maison de Saint-Vincent, le Gouvernement avait-il stipulé formellement que les départements de la Sarthe et de la Mayenne seraient invités à faire l'acquisition d'un jardin pour le séminaire.

L'intérieur de l'ancien monastère de Saint-Vincent n'avait pas moins besoin de réparations. Voici le rapport qu'adressait à ce sujet à Mgr de Pidoll, M. Chardon, trésorier du séminaire : « Votre Grandeur a été instruite et se rappelle, sans doute, que l'ancienne maison conventuelle de Saint-Vincent a constamment servi de caserne (1) depuis que ses religieux l'ont forcément abandonnée. Pour l'approprier à cet usage, son antique distribution a été entièrement bouleversée. La suppression jusqu'alors nécessaire d'une infinité de cloisons de cellules, pour en faire de vastes appartements, avait, dans certaines parties, compromis la solidité de cet édifice. Ajoutez à cela, Monseigneur, les dégradations journalières des soldats qui se succédèrent dans l'habitation de cette caserne, et vous aurez une idée bien incomplète des dégâts qu'il m'a fallu réparer. Tous les carrelages étaient brisés, la plupart des fenêtres sans vitres; une partie des couvertures minées, et dans quelques-unes on avait pratiqué des cheminées. Le défaut de réparations aux croisées en avait pourri les dormants, ainsi que le petit bois : il a fallu les renouveler. Les portes des cellules, qui avaient échappé à la destruction, avaient été enlevées et brûlées..... »

Les travaux de réparation furent faits sous la direction de l'abbé Bureau, curé de la cathédrale. Membre du conseil général de la Sarthe, de presque toutes les commissions de charité de la ville du Mans, M. Bureau ne reculait devant aucune charge, même celles qui pouvaient paraître assez peu compatibles avec les fonctions du saint ministère dans une paroisse aussi considérable que celle de la cathédrale. Il montra surtout un zèle admirable pour l'organisation du séminaire. Au moment où beaucoup d'étudiants durent être placés dans des maisons particulières au Mans, M. Bureau s'occupa de trouver d'honnêtes familles qui consentissent à les recevoir ; et il prenait la peine de surveiller ces jeunes gens et d'atténuer ainsi les inconvénients d'une organisation si défectueuse. Il remplissait aussi les fonctions d'administrateur du séminaire : nous le voyons s'occuper de la location des fermes du Grand-Fief, de Pontniveau et de la Roulière, dont le Séminaire commença à jouir vers 1816, et percevoir les fermages de ces propriétés (2).

(1) Le 10 mai 1816, Mgr de Pidoll consentit encore à ce que le 3e régiment d'infanterie de la garde royale habitât pendant un mois la maison de Saint-Vincent, en attendant que les réparations nécessaires fussent faites à la caserne de la Mission.

(2) M. Jacques-François-Charles Bureau, né le 16 mars 1752, confrère de Saint-Michel et l'un des curés de Notre-Dame du Pré, depuis le 1er décem-

Dans une lettre du 28 août 1817, Mgr de Pidoll rend hommage au zèle de M. Bureau, et fait connaître les heureux résultats de son expérience et de son activité : » M. le curé de la cathédrale, que j'ai chargé de la direction des travaux du séminaire, les a fait exécuter avec autant de célérité que d'économie. L'état des dépenses pour réfections, réparations et distributions, se montait, suivant le devis des ouvriers, à 58,010 fr. Il a su tirer bon parti d'anciens matériaux tels que vieux plombs, bois et pierres, que les adjudicataires auraient regardés comme de peu de valeur et qui ont produit 6,678 fr.; ce qui réduit la dépense à 51,332 fr.

« M. le curé a surveillé les différents ouvriers avec tant d'activité que la maison de Saint-Vincent a été en état, dès la Saint-Martin 1816, d'y recevoir cent trente séminaristes, non compris les supérieur, directeurs et domestiques; et ce qu'on doit beaucoup apprécier, c'est qu'au lieu de 51,332 francs, il n'a été dépensé que 39,690 francs; ce qui fait une économie de 11,642 francs.

« Le Conseil général de la Sarthe, lors de sa dernière session, a visité l'abbaye de Saint-Vincent, et a vu avec plaisir les immenses travaux qui y ont été faits pour la convertir en séminaire diocésain. Il avait voté une somme de 15,000 fr. que Votre Excellence a daigné approuver. M. le Préfet de la Sarthe a porté une nouvelle somme de 10,000 fr. dans son budget pour 1817, que je vous prie de vouloir bien également approuver. Il reste encore une somme de 14,690 fr. à payer aux différents ouvriers, et j'ai la confiance que Votre Excellence voudra bien mettre cette somme à ma disposition pour satisfaire aux engagements que j'ai pris. »

bre 1777, fut nommé au Concordat curé de Saint-Julien, et autorisé à prendre rang parmi les chanoines titulaires. En 1819, il fit sa démission de curé de la Cathédrale, et il fut nommé chanoine titulaire. Quelques années après, la cure ayant été réunie au chapitre, M. Bureau redevint curé, et il en exerça les fonctions jusqu'au moment de sa mort survenue le 9 mars 1833, à l'âge de 81 ans.

M. Bureau était vicaire général, chanoine honoraire de Saint-Denis, supérieur des sœurs de la congrégation d'Évron, membre du conseil général de la Sarthe et de la commission administrative des hospices du Mans, etc. Plein d'activité et d'obligeance, il se trouva mêlé à beaucoup d'affaires publiques ou privées. Nous avons vu qu'il rendit de nombreux services au séminaire : la mauvaise réussite de la construction de la chapelle ne doit pas les faire oublier.

Pendant tout le temps qu'il avait occupé Tessé, le séminaire n'avait eu pour chapelle qu'une salle appropriée à cette destination. En entrant à Saint-Vincent, on utilisa pour le même objet la belle salle dite des Conférences. Mais ce ne pouvait être qu'une installation provisoire, et l'on se décida immédiatement à bâtir une chapelle définitive qui remplaçât l'ancienne église abbatiale.

M. Bureau, curé de la cathédrale, se chargea encore de cette entreprise, bien plus difficile que le simple travail de restauration des bâtiments qu'il avait dirigé précédemment.

La première question à résoudre était celle de l'emplacement de la nouvelle chapelle. Il semble qu'il était tout indiqué d'avance. Si l'ancienne église abbatiale était dans des proportions trop considérables pour qu'on songeât à la reconstruire, en profitant des fondations faciles à retrouver, on pouvait réduire ses proportions; et en la mettant à la même place, l'on avait la possibilité de rétablir les cloîtres qui faciliteraient les communications de toutes les autres parties de la communauté les unes avec les autres et surtout avec la chapelle.

On préféra la placer à l'extrémité de l'aile occidentale, avec un portail presqu'en face de la rue Saint-Vincent. M. Bureau désirait que la nouvelle chapelle remplaçât l'ancienne église paroissiale de Saint Vincent et qu'elle pût servir aux fidèles assez nombreux de ce quartier de la ville du Mans. Il résulte de cet emplacement si défectueux que les séminaristes doivent pénétrer dans la chapelle par le sanctuaire, ce qui est en opposition avec l'esprit des règles liturgiques; et que, dans les mauvais temps, ils ne peuvent entrer dans la chapelle ou en sortir qu'en descendant ou en montant des escaliers.

La nouvelle chapelle devait reproduire presque exactement à l'intérieur, sauf pour les proportions du sanctuaire, les dispositions du chœur de l'église cathédrale : les deux autels de la sainte Vierge et des saints patrons de la jeunesse imitent les deux autels placés autrefois à l'entrée du chœur de la cathédrale et détruits en 1857; les stalles dans leur forme circulaire, reproduisent aussi l'ordonnance des stalles canoniales; la grille elle-même est semblable à celle qui fermait autrefois l'entrée du chœur.

Les travaux commencèrent aussitôt que l'administration diocésaine eût été mise en possession de Saint-Vincent; et le 13 novembre 1816 eut lieu la cérémonie de la bénédiction et de la pose de la première pierre par Mgr de Pidoll. Le vénérable prélat avait voulu contribuer à la dépense par un don de 8,000 fr. M. Bureau, curé de la cathédrale, avait reçu les offrandes de plusieurs autres bienfaiteurs qui voulaient aider à la construction de la chapelle. On put donc mener les travaux très activement, et dans une lettre du 25 août 1817, Mgr de Pidoll aimait à constater que les murs s'élevaient à 30 pieds au-dessus du niveau du sol, et que les fermetures des fenêtres étaient partout posées.

Malheureusement les ressources diocésaines étaient presque épuisées et l'on dut solliciter un secours de l'Etat. Quoique le travail eût été entrepris sans plans et devis régulièrement approuvés, le ministre de l'intérieur voulut bien accorder en 1819 un secours de 15,000 fr. Le ministre de la marine donna aussi des bois pour la charpente, en échange de ceux qu'on avait réclamés pour la restauration de l'ancien séminaire de la Mission, et dont la concession s'était trouvée sans effet.

Ces secours n'étaient pas suffisants pour terminer la chapelle commencée, et l'on dut en demander de nouveaux soit à l'Etat, soit au conseil général de la Sarthe, très-favorablement disposé, et qui n'attendait que l'autorisation du ministre de l'intérieur pour payer les annuités votées. Le 19 mars 1821, le ministre de l'intérieur répondit qu'il était tout disposé à allouer un secours pour l'achèvement de la chapelle, mais qu'il voulait préalablement un compte exact des dépenses déjà faites et payées, et de ce qui serait nécessaire pour la mettre en état de servir au culte divin. Il ne pouvait s'empêcher de trouver qu'on avait fait une dépense bien exagérée pour une simple chapelle de séminaire, d'ailleurs d'un fort mauvais goût et même d'une solidité problématique.

Les travaux avaient été interrompus au moment de la mort de Mgr de Pidoll. Quand Mgr de La Myre fut installé sur le siège du

Mans, un de ses premiers soins fut de travailler à l'achèvement de la chapelle de son séminaire et de profiter des excellentes dispositions de toutes les administrations. M. Delarue, architecte du département, fut chargé de faire un règlement des dépenses effectuées pour la chapelle, lesquelles s'élevaient à 110,000 fr., et de préparer un devis pour son achèvement. Le Conseil général de la Sarthe paya en 1823, 1824 et 1825 trois annuités de 10,000 fr chacune ; l'Etat accorda de son côté 30,000 fr. qui permirent de solder l'arriéré et de faire face aux dépenses d'achèvement de la chapelle Au mois de novembre 1825, le dimanche de la fête de la Dedicace, Mgr de la Myre, évêque du Mans, en fit la consécration solennelle. Les armes du prélat, sculptées sur le portail de la chapelle, rappellent que l'édifice fut terminé sous son épiscopat et grâce à son heureuse influence (1).

CHAPITRE XI

Legs et dons en faveur du séminaire

Le rétablissement des Bourbons sur le trône de France n'eut pas seulement pour résultat de détruire les entraves que le gouvernement impérial avait mises à l'éducation des élèves ecclésiastiques,

(1) Dès l'année suivante, en mars 1826, M. Bouvier, supérieur du séminaire, proposa au chapitre de la cathédrale de rétablir l'ancienne et célèbre procession du dimanche des Rameaux, de transporter le Christ dans la nouvelle chapelle le jour de la Compassion de la sainte Vierge, et de revenir le chercher processionnellement le jour des Rameaux. Cette proposition fut acceptée avec joie par le vénérable chapitre.

il encouragea puissamment les fondations faites pour pourvoir aux frais de cette éducation. Nous voyons, en effet, de nombreux dons ou legs faits en faveur du séminaire du Mans pendant les quinze années de la Restauration.

Le 11 août 1814, Mlle Anne Guiet, propriétaire à Saint-Ouen-en-Belin, fit donation de la ferme de la Roche, située à Volnay, mais en s'en réservant la jouissance jusqu'à sa mort, qui n'eut lieu qu'après 1830. Une ordonnance royale du 9 novembre 1814 autorisa l'évêque du Mans à accepter cette donation.

Mlle Françoise Noyer-Genetrie, demeurant chez les Ursulines de Château-Gontier, assura au séminaire la propriété et la jouissance de la ferme de Mondescend, située à Auvers-le-Hamon. Cette donation fut autorisée par ordonnance royale du 18 septembre 1816. Mlle Genetrie n'est morte que plusieurs années après l'érection du siège épiscopal de Laval(1).

Ces deux bienfaitrices du séminaire avaient reçu de leurs parents ces propriétés provenant de ventes faites par les autorités révolutionnaires. Malgré la concession du Souverain Pontife Pie VII en faveur des acquéreurs de biens ecclésiastiques, elles désirèrent que l'Eglise profitât de ce qui lui avait autrefois appartenu.

La même pensée, si honorable et si désintéressée, fut la raison qui détermina le baron de Damas à faire donation au séminaire des deux fermes de Montchenou et de la Cosnuère, situées à Saint-Denis-d'Orques, et qui, avant la Révolution, avaient appartenu aux Chartreux du Parc. Une ordonnance royale du 22 janvier 1823 autorisa le séminaire à en accepter la donation qui fut faite par Mme Sigismonde-Charlotte-Laure d'Hautefort, épouse de M. Ange-Hyacinthe-Maxence, baron de Damas (2).

(1) En 1819, M. Leroy, propriétaire à Epineu, verse au séminaire 125 francs pour une mine de charbon de terre ouverte sur la propriété de Mondescend. En 1820, il paie 400 francs pour une année d'exploitation de la même mine. Cette ouverture de puits d'extraction de charbon de terre sur la ferme de Mondescend, fut abandonnée peu après. Nous avons cependant noté cette particularité parce qu'elle nous donne la date des premières entreprises faites dans le Maine pour l'exploitation des mines d'anthracite.

(1) Mme Sigismonde-Charlotte-Laure d'Hautefort, baronne de Damas, était

Le 31 janvier 1818, une ordonnance royale autorisait Mgr l'évêque du Mans à accepter, au nom de son séminaire, la donation que lui faisait M. l'abbé Horeau, principal du collège de Château-Gontier, des bâtiments et dépendances de l'ancien collège de Précigné. M. Horeau y avait installé un principal, M. l'abbé Bellenfant, trois professeurs de Château-Gontier et un certain nombre d'élèves de cette maison pour commencer le nouveau collège qui, dès la seconde année, eut 72 pensionnaires. Cette nouvelle maison allait bientôt devenir le petit séminaire diocésain, et dès ses débuts elle donnait les plus grandes espérances (1).

Par un acte notarié du 27 octobre 1820, Mlle Françoise Renée Garnier, demeurant à Sainte-Croix près Le Mans, fit donation au séminaire des trois fermes des Rottes et de la Bouverie, situées à Pirmil, et des Durandières située commune de Louplande. La donatrice se réservait la jouissance de ces propriétés jusqu'à la fin de sa vie. La donation fut autorisée par ordonnance du 22 février 1821.

M. Marie, supérieur du séminaire, donna une maison située sur la place Saint-Michel, entre la tour de la cathédrale et le cavalier. Cette donation fut autorisée par ordonnance royale du 3 janvier 1821.

Nous ne signalons que pour mémoire une donation faite en 1816 par M. Duperrier, vicaire général, de terrains vendus par la ville du Mans, distraits de la promenade des Jacobins et réunis au séminaire de Tessé. En réalité ces terrains furent payés par

fille de M. d'Hautefort et de dame Athénaïde-Laure-Zoé de Choiseul-Praslin, fille de César-Gabriel de Choiseul, comte de Praslin, pair de France et ministre sous Louis XV. Ce dernier avait épousé Anne-Marie de Champagne, petite-fille de Guillaume Fouquet, marquis de la Varanne, qui en 1604 avait acheté la baronnie de Sainte-Suzanne. René Fouquet, son fils, épousa Françoise de Froulay, fille du maréchal de Tessé, et Catherine de la Varanne, sa fille, s'était mariée à Hubert de Champagne. Le baron de Damas exprima le désir que le séminaire du Mans remît 30,000 francs à la disposition de Mgr de la Myre, évêque du Mans, qui employa 20,000 francs pour les frais de la fondation de la maison des Dames du Sacré-Cœur, au Mans, et 10,000 francs pour aider à l'établissement des missionnaires de Saint-Michel, à Laval.

(1) Voir la *Notice sur le petit séminaire de Précigné* : Appendice I.

l'administration du séminaire, qui fut obligée de recourir au moyen d'une donation apparente pour ne pas laisser échapper l'occasion d'acheter des terrains sur lesquels des constructions élevées par d'autres acquéreurs eussent été très gênantes pour le séminaire.

M. Joseph-François Gallet, curé de Torcé (Mayenne), légua au séminaire du Mans, par son testament du 21 avril 1823, le champ dit des Chenots, situé à Pezé-le-Robert. Ce legs fut autorisé par ordonnance royale du 8 décembre 1824.

Un autre ecclésiastique fit dans le même temps une donation plus importante en faveur du séminaire. M. Pierre-René Huard, chanoine honoraire de Saint-Denis, curé de Notre-Dame de la Couture, donna la ferme des Chapuisières, située à Joué-l'Abbé, mais en en réservant la jouissance à lui-même et à Mlle Françoise-Louise Coutard, sa nièce. Une ordonnance du 31 mars 1825 autorisa l'acceptation de cette donation.

Mlle Coutard fit, en 1828, donation au séminaire du Mans d'un pré qu'elle avait acheté pour les besoins de la ferme, dont elle continua de jouir jusqu'à la fin d'avril 1861, date de sa mort.

Diverses acquisitions faites successivement et même dans le cours de la présente année 1878, par le séminaire diocésain, et régulièrement autorisées, ont augmenté l'étendue et la valeur de la ferme des Chapuisières, dont le séminaire jouit seulement depuis l'année 1861.

Le 1er août 1829, M. René-Julien Fouassier, frère de M. l'abbé Fouassier, décédé chanoine titulaire et ancien secrétaire de l'évêché, et dame Marie-Magdeleine-Louise Franclin, son épouse, donnèrent au séminaire du Mans la maison de campagne et le petit bordage du Thuau, situés tout près de la ville du Mans, mais en se réservant la jouissance pendant leur vie. Cette donation fut autorisée par ordonnance royale du 7 février 1830.

Dès l'année 1812, le séminaire avait songé à racheter la propriété des Perrières, ancienne maison de campagne des Messieurs de la Mission, située à une lieue et demie du Mans, pour servir de but de promenade aux séminaristes. La nécessité où se trouva alors l'administration diocésaine d'acheter la maison de la rue des Chapelains pour y installer le petit séminaire, fit ajourner cette acquisition.

En 1828, ce projet fut repris, grâce à la générosité de M. l'abbé Dubignon, directeur au séminaire. M. Jean-Guillaume Dureau, chevalier de Saint-Louis, lui vendit pour 30,000 fr. la ferme des Hommelets, où se trouvait une maison de campagne avec un jardin d'agrément qui devait être fort beau à cette époque, si nous en jugeons par son état actuel. Beaucoup d'arbres ont, en effet, vieilli et n'ont pu être convenablement remplacés.

Par un acte du 19 septembre 1828, M. l'abbé Dubignon fit donation de cette propriété au séminaire diocésain, et l'acceptation en fut autorisée par ordonnance royale du 3 décembre 1828 (1).

Ce qui nous frappe dans ces libéralités, c'est la part notable qu'y prend le clergé diocésain, montrant ainsi qu'il avait bien compris l'œuvre si importante des séminaires, et donnant l'exemple aux fidèles. Nous venons, en effet, de rappeler les noms de MM. Marie, Horeau, Dubignon, Gallet et Huard. Il en est de même pour les capitaux légués au séminaire ou pour les rentes fondées en faveur de cette maison.

Nous devons tout d'abord mentionner Mgr de Pidoll, qui, en mourant en novembre 1819, légua 2,000 fr. à son séminaire diocésain. A partir de 1809, il ne cessa chaque année de faire verser au séminaire 3,000 francs sur les fonds dont il pouvait disposer pour aumônes Nous avons vu aussi qu'il avait donné 8,000 fr. pour l'œuvre spéciale de la construction d'une chapelle.

M. Péan, chanoine honoraire, paraît avoir servi pendant plusieurs années une rente de 435 fr. Un autre chanoine honoraire, M. Bourdon des Roches, décédé en 1814, lègue 300 fr. au séminaire.

En 1817, M. Graffin, ancien curé de la Milesse, lègue 600 fr., et

(1) Cette donation de la maison de campagne fut la principale libéralité de M. Dubignon envers le séminaire. Nous en avons déjà mentionné quelques autres; nous aurons encore l'occasion de parler des sacrifices qu'il s'imposa pour la réparation d'un escalier et d'un corridor au séminaire. Nous ne rappellerons pas ici les dons faits en faveur des séminaristes pauvres, auxquels il aimait surtout à procurer des livres.

M. Louis Leroy, curé de la Pellerine, fait un legs de 200 francs.

Nous avons déjà raconté comment M. Pottier, curé d'Ecorpain, s'était engagé à servir une rente viagère demandée par M. Dupuy, curé d'Evaillé, comme condition de la donation faite de la ferme de la Tartellerie. Le 18 décembre 1817, M. Alexandre-Henri Pottier compléta sa libéralité en assurant au séminaire une rente perpétuelle de 500 francs. Cette donation fut autorisée par une ordonnance du 5 avril 1818.

L'année suivante, M. l'abbé René Bourigault (1) fit donation au séminaire d'une rente de 400 fr. pour la fondation d'une bourse en faveur d'un élève ecclésiastique. Une ordonnance royale du 2 août 1820 approuva l'acceptation de cette libéralité. Un peu plus tard, le 1er octobre 1827, le même ecclésiastique fonda deux autres rentes l'une de 200 fr. et l'autre de 450 francs pour des bourses qui, pendant une période assez longue, devaient profiter aux membres de sa famille se destinant à l'état ecclésiastique. Un grand nombre de parents de M. l'abbé Bourigault ont en effet profité de ses libéralités. La plupart appartenaient par leur naissance au diocèse d'Angers.

En 1819, M. Delaroche, curé de La Flèche, lègue 2,000 fr. au séminaire.

Le 6 mars 1822, une ordonnance royale autorisait l'acceptation d'une rente annuelle de 120 fr. fondée à charge de services religieux par M. Etienne-Julien Chenevières, curé de Vaiges (2). Grâce sans aucun doute aux conseils de M. Chenevières, Mlle Marie Simier, aussi de Vaiges, assurait au séminaire une rente annuelle de 55 fr. pour la fondation de douze messes basses. Une ordonnance du 6 juin 1830 autorisa l'acceptation de ce legs fait par un testament du 5 janvier 1825.

Le 17 octobre 1822, M. Louis-Joseph Goussay, curé de Martigné (3), constitua une rente perpétuelle de 150 fr. pour aider à l'éducation

(1) M. René Bourigault était, en 1793, professeur de mathématiques au collège de Château-Gontier.

(2) M. Chenevières est décédé curé de Montsûrs, le 23 avril 1852.

(3) Décédé curé de Meslay, le 6 février 1849.

ecclésiastique de membres de sa famille, ou à leur défaut, d'enfants de la paroisse de Martigné. Cette fondation fut autorisée par ordonnance royale du 3 février 1823.

Le 24 mars 1825, M. Pierre Moreau, vicaire d'Olivet, fonde une rente annuelle de 150 fr. au profit du séminaire, mais en s'en réservant l'usufruit pendant sa vie. Cette donation fut autorisée par ordonnance royale du 26 octobre 1825.

Le 3 octobre 1826, M. René Gendry, curé de Saint-Gervais-en-Belin, fonde une rente annuelle de 250 fr., dont l'acceptation fut autorisée par ordonnance royale du 25 mars 1827. Cette rente est la seule qui soit encore servie au séminaire par des particuliers. Toutes les autres ont été successivement remboursées; et les capitaux ont été employés en acquisition de rentes sur l'Etat.

Le 2 novembre 1826, M. Joseph-Toussaint Duchemin, prêtre à Saint-Vénérand, donne au séminaire une rente de 325 fr. sur l'Etat pour la fondation d'une bourse en faveur d'un enfant de la paroisse de Saint-Vénérand, à la présentation du curé et des fabriciens de l'église Saint-Vénérand de Laval. Cette fondation fut autorisée par ordonnance royale du 14 janvier 1827.

En 1827, nous voyons un legs de 4,000 fr. par M. Lecottier, curé de Notre-Dame de Mayenne, et le 11 novembre 1829, un arrêté de M. le Préfet de la Sarthe autorise le séminaire à accepter un legs fait par M. François-Charles-René Perdrigeon, chanoine honoraire et consistant dans son argenterie et dans quatre portraits des anciens évêques du Mans.

Les fidèles du diocèse du Mans ne pouvaient manquer d'imiter les exemples de générosité à l'égard du séminaire que leur donnait le clergé. Aussi voyons-nous, à la même époque, un grand nombre de dons et de legs par des laïques.

Mlle Louise-Alexandrine-Jeanne de Boisjourdan fonda une rente de 600 fr. pour l'éducation de deux séminaristes. Cette donation fut autorisée par ordonnance royale du 11 juin 1817. Le 10 janvier 1818, une autre ordonnance autorisait l'acceptation d'une rente de 100 fr. fondée par Mme Jeanne-Madeleine Frin, veuve de M. Pierre-Félix de Congny.

Le 16 octobre 1822, Mlle Anne-Françoise Boussard de la Brosse lègue un capital de 6,000 fr. pour l'entretien des séminaristes. L'année suivante, 15 octobre 1823, Mme Marie Bruneau, veuve de M. Lemotheux, fait donation d'une rente de 300 fr. qu'elle s'oblige à servir, et qui a été payée en effet au séminaire pendant quarante années.

Par un acte du 13 janvier 1825, Mme Marie-Foi Pancheron, veuve de M. Jacques-Pierre Vallet, du Mans, donna au séminaire une rente de 300 fr., remboursable au capital de 10,000 fr., à la charge de fonder une bourse, et de quelques services religieux. Cette donation fut autorisée par ordonnance royale du 10 mars 1825, et le capital de 10,000 fr. remboursé en 1833 et placé sur l'Etat produisit une rente de 477 fr. Cette rente, comme toutes les autres que le séminaire possède sur l'Etat, a subi deux réductions par suite de la conversion des rentes 5 0/0 en 4 1/2 0/0 et plus tard de la soulte pour la conversion en 3 0/0. Cependant grâce aux dispositions prises par la donatrice, elle est encore supérieure aujourd'hui à la rente primitivement fondée.

Une ordonnance royale du 1er janvier 1828 autorisa le séminaire à faire emploi, pour achat de rentes sur l'Etat, d'un capital de 4,000 fr. donné par M François-Jean-Henri Richer de Montauban.

Nous avons précédemment parlé du zèle montré par M. Louis Ragot, instituteur à Fresnay, pour l'instruction d'élèves se destinant à l'état ecclésiastique. M. Ragot voulut en mourant perpétuer, autant qu'il lui était possible, ce qu'il avait fait pour le recrutement du clergé, et il assura au séminaire une rente annuelle de 50 fr. Cette fondation fut autorisée par ordonnance royale du 18 janvier 1829.

Nous trouvons encore quelques autres donations ou legs faits en faveur du séminaire. Le 10 février 1826, Mlle Marie-Marguerite Turpin lègue 500 fr. Le 4 juin de la même année, M. Henri Foucault de Vauguyon fonde une rente annuelle de 120 fr. Le 23 septembre 1827, Mlle Jeanne-Renée Aubry donne un capital de 3,000 fr. En 1829, M. Charles-Anselme de Salleynes, parent de Mlle Renard-la-Brainière, lègue un capital de 1,500 fr. que son légataire universel et cousin, M. d'Andigné de Resteau, remit au séminaire.

Le 5 mai 1830, Mlle Suzanne-Perrine Bachelot lègue au séminaire un capital de 4,000 fr. Par un testament du 14 août 1826, Mlle Anne-Perrier, de Loumeau, lègue un capital de 10,000 francs, dont l'acceptation fut autorisée par ordonnance royale du 29 septembre 1829.

Quelques legs moins importants furent autorisés à la même époque : un legs de 600 francs fait par M. René-Jean-François Lemarchand ; un legs de 200 francs, par M. Jean Pierre Brichet ; un legs de 400 francs, par M. François Lenormand ; ordonnances royales des 30 décembre 1827, 13 janvier 1828 et 26 août 1829.

Nous avons cru devoir entrer dans ces détails malgré leur apparente monotonie. Mais pourrait-il paraître fastidieux de rappeler les noms des bienfaiteurs du séminaire ? Beaucoup d'autres ne sont connus que de Dieu seul, et nous n'avons pu pénétrer le mystère dont ils ont voulu entourer leurs libéralités.

Sans aucun doute, ces libéralités étaient considérables. Cependant elles avaient peine à suffire aux besoins du séminaire. Au moment de la mort de Mgr de Pidoll, les vides n'avaient fait que s'accroître dans les rangs du clergé. S'il avait eu la consolation d'ordonner 395 prêtres, il en avait perdu dans la même période, de 1806 à 1820, 541, d'où il résultait un déficit de 147 prêtres.

En 1818, les ordinations commencèrent à être nombreuses. On compta en cette année 58 prêtres ordonnés ; la moyenne fut au moins de 55, et le chiffre s'éleva en 1830 à 71. Aussi de 1821 à 1834, le nombre des prêtres ordonnés s'éleva à 731 et les décès à 454 seulement ; ce qui combla enfin les vides faits par la Révolution dans les rangs du clergé manceau.

Le temps des études, soit pour la philosophie, soit pour la théologie, étant de quatre années, le nombre des séminaristes dépassait chaque année le chiffre de deux cent cinquante élèves, presque tous à la charge du diocèse. Enfin des secours nombreux et élevés étaient accordés aux étudiants ecclésiastiques, chez MM. les curés ou dans les collèges ou institutions. Dans une circulaire du 1er août 1821 (1), Mgr de la Myre fut même obligé d'avouer que la générosité

(1) Voir le recueil des Mandements de Mgr de la Myre.

avec laquelle les secours étaient accordés dépassait les ressources dont le diocèse pouvait disposer pour les séminaires : « En prenant le gouvernement de ce vaste diocèse, nous nous sommes empressé d'entrer dans les vues de MM. les curés et de seconder leurs pieuses intentions en accueillant leurs recommandations et en accordant les pensions qu'ils ont sollicitées pour les jeunes gens qu'ils nous assuraient avoir des dispositions à l'état ecclésiastique, et ne pas trouver dans leurs familles les secours nécessaires pour se mettre en état d'y parvenir. Nous venons de nous faire représenter l'état de ces nouvelles pensions et de celles antérieurement accordées, et en les comparant à nos ressources annuelles, nous avons reconnu qu'elles étaient dans une effrayante disproportion avec les moyens d'y subvenir. » Le vénérable prélat demandait des informations plus exactes afin de n'accorder des secours qu'aux élèves les plus dignes d'intérêt par leurs qualités personnelles et par la pénurie de leurs familles.

CHAPITRE XII

M. Bouvier, supérieur du séminaire de Saint-Vincent. — Installation de la philosophie à Tessé

Le 11 juin 1817, un concordat avait été conclu entre le Souverain Pontife Pie VII et le roi de France Louis XVIII dans le but de compléter les dispositions du concordat de 1802 et de guérir les maux faits par la Révolution à l'Église de France. La création d'un assez grand nombre de nouveaux sièges fut résolue, et des évêques furent désignés. Parmi ces nouveaux prélats se trouvaient M. Duperrier, nommé à l'évêché de Tulle, et M. l'abbé de la Myre-Mory, nommé à l'évêché de Troyes. Malheureusement l'opposition des Chambres et les tergiversations du Gouvernement empêchèrent de donner suite à ce concordat, dont on ne conserva, quelques années plus tard, que la création de plusieurs évêchés nouveaux. M. Duperrier, quoique nommé à l'évêché de Tulle, garda le titre de vicaire général et il continua d'administrer le diocèse du Mans, au défaut de Mgr de Pidoll dont l'âge avait complètement affaibli les facultés.

En 1819, M. Rivière, second vicaire général, avait fait sa démission et il avait été remplacé par M. Marie, supérieur du séminaire. Quelques mois après, le 23 novembre 1819, mourait Mgr de Pidoll.

Le diocèse du Mans fit de vives instances pour obtenir que M. Duperrier fût pourvu du siège vacant. M. Duperrier avait été nommé vicaire général par Mgr de Gonssans, et administrateur apostolique après la mort de ce dernier. Vicaire général d'un évêque étranger, Mgr de Pidoll, il avait plus que personne travaillé après la Révolution à la restauration de l'important diocèse du Mans. M. Duperrier se croyait assuré de l'agrément du roi pour son maintien au Mans. Cependant il fut nommé à l'évêché de Bayeux, où il ne resta que quelques années, et Mgr de la Myre prit possession du siège du Mans le 20 mai 1820.

La nomination de M. l'abbé Marie comme vicaire général avait eu pour conséquence des modifications dans le personnel des directeurs du séminaire. Au mois d'octobre 1819, M. Bouvier fut nommé supérieur, et remplacé comme professeur de théologie par M. l'abbé Chauvigné (1) qui fut chargé en même temps des fonctions d'économe. M. l'abbé Lottin (2) remplaça M. l'abbé Juffeault au cours

(1) M. Chauvigné, Michel, né à Athée le 6 décembre 1788, fut d'abord professeur à Châteaugontier. Il ne resta qu'une année au séminaire, et il devint ensuite principal du collège de Lassay, puis de celui de Mayenne. En 1827, il fut nommé curé de Bouloire, de Houssay en 1829, de Saint-Quentin en 1833 et enfin, en 1840, de Saint-Pierre-des-Landes où il est mort après une carrière fort agitée.

(2) M. René-Jean-François Lottin, né à Vimarcé le 12 janvier 1793 fut successivement vicaire à Château-du-Loir puis curé de Luceau. En 1820 il fut chargé du cours d'écriture sainte au séminaire. Nommé secrétaire général de l'évêché

d'écriture sainte (1). M. Hamon restait professeur de théologie, et M. Dubignon, déjà affaibli par l'âge, conserva le titre de directeur honoraire au séminaire, où il demeura comme pensionnaire.

M. l'abbé Bouvier, supérieur du séminaire, jouissait déjà, non-seulement dans cette maison, mais même dans tout le diocèse, d'une très grande influence. Les jeunes prêtres formés par ses soins l'avaient fait connaître, et de tous les côtés l'on recourait à lui pour les solutions des questions de morale si graves et si multipliées que les faits révolutionnaires avaient fait naître. La publication des traités de la Justice et des Contrats, avait étendu à la France entière la réputation du professeur de théologie du séminaire du Mans.

Deux mesures importantes pour l'avenir du séminaire furent prises sous l'inspiration du nouveau supérieur. En 1823, on commença à envoyer, presque chaque année, à Saint-Sulpice, à Paris, des séminaristes recommandables par leur piété et leurs talents, pour compléter leurs études théologiques, et surtout pour prendre les habitudes et la méthode de direction des séminaires auprès de Messieurs de Saint-Sulpice. M. l'abbé Moreau, Basile-Antoine (2), paraît être le premier élève du séminaire envoyé à Saint-Sulpice par le diocèse du Mans. M. l'abbé Coulon, Pierre, y fut envoyé peu de temps après. (3).

Au mois de juin 1822 eut lieu pour la première fois au séminaire la solennité de thèses publiques soutenues par une dizaine de séminaristes (4), qui étaient ensuite récompensés de leur travail et de

en 1820, il exerça ces fonctions jusqu'en 1840. Il est mort chanoine de la Cathédrale le 20 janvier 1868.

(1) M. Juffeault, Pierre-Jean, né à Brulon le 7 septembre 1792, fut nommé professeur au séminaire en 1817. Le 28 novembre 1820 il prit possession de la cure de Bourg-le-Roi, où il resta quelques années. Il devint ensuite successivement aumônier des collèges royaux d'Orléans et du Havre. En 1846, il se retira à Brulon, où il est mort le 18 mai 1871.

(2) M. Basile-Antoine Moreau, né à Laigné-en-Belin le 11 février 1799, d'abord directeur au séminaire, puis supérieur des Frères fondés par M. l'abbé Dujarrié, et enfin fondateur des Pères Salvatoristes et des religieuses Marianites de Sainte-Croix, est décédé au Mans le 20 janvier 1873.

(3) M. Pierre Coulon, né à Laval le 18 janvier 1803, fut professeur de philosophie au séminaire de Tessé, et ensuite au collège de Laval. Il est aujourd'hui curé-archiprêtre de la Flèche et chanoine honoraire de la Cathédrale.

(4) Le nombre des séminaristes qui soutenaient les thèses variait chaque

leurs succès par quatre prix et des accessits. Les thèses étaient imprimées, et l'on invitait tout le clergé de la ville à se trouver à l'exercice public présidé par l'évêque du Mans. L'un des soutenants prononçait un discours latin, auquel répondait l'ecclésiastique qui avait accepté d'ouvrir la thèse. Puis l'argumentation commençait suivant toutes les règles scholastiques si propres, malgré leur aridité apparente, à donner à l'esprit une grande habileté à distinguer les sophismes qui se cachent dans un raisonnement, et à éviter qu'une discussion s'éloigne de l'objet précis qui est controversé.

Quand la philosophie eut été transportée au séminaire Saint-Vincent, on continua de soutenir des thèses de philosophie comme on le faisait déjà à Tessé depuis plusieurs années (1). En 1844, lorsqu'on eut organisé un nouveau cours préparatoire de théologie, des thèses publiques eurent lieu aussi chaque année pour les élèves de ce cours, et les exercices durèrent trois jours, sans compter un examen public pour le cours des sciences physiques.

Peut-être était ce exiger beaucoup, non des élèves qui prenaient part à ces exercices avec autant de profit que de plaisir, mais des ecclésiastiques appelés à argumenter publiquement dans ces thèses. Les exercices publics cessèrent à partir de 1849. On crut pouvoir les remplacer utilement par des conférences, où se réunissaient les séminaristes les plus capables, sous la direction de leurs professeurs, pour traiter par écrit des sujets se rapportant à leurs études de théologie ou de philosophie. On espérait ainsi pouvoir conserver l'argumentation scholastique dans la discussion des thèses soutenues dans ces conférences. Mais après quelques années ces conférences cessèrent aussi d'exister; et à partir de l'année 1853 des prix ne furent plus distribués aux séminaristes (2).

année suivant l'aptitude de ceux qui étaient capables de se tirer honorablement de ces exercices publics Quelquefois il n'était que de cinq ou six.

(1) En juillet 1830, M. l'abbé Bouvet conduisit les élèves de philosophie du collège du Mans au séminaire de Tessé, pour qu'ils pussent assister à ces thèses.

(2) Nous avons vu avec plaisir ces anciennes coutumes du séminaire reprises en la présente année 1878. Comme autrefois, des prix ont été donnés aux élèves qui se sont le plus distingués pendant le cours de l'année.

Nous avons vu qu'en acceptant la maison de Saint-Vincent pour séminaire, Mgr de Pidoll avait le plus grand désir de conserver Tessé pour annexe de ce séminaire. Cette concession eut lieu en effet, et en 1816 M. l'abbé Fillion, fut nommé supérieur de la maison de Tessé, affectée spécialement aux élèves de philosophie.

M. Louis-Jean Fillion, né à Saint-Denis-d'Anjou le 19 mai 1788, avait fait ses premières études à Angers dans une institution dirigée par MM. Cinet et Papin, et il avait achevé ses humanités dans une maison d'éducation fondée à Candé par M. l'abbé Chiron. Après deux années passées au séminaire de Saint-Saturnin, où il reçut la tonsure, il obtint en 1808, par l'entremise de M. l'abbé Dubignon qui lui portait beaucoup d'intérêt, d'entrer comme surveillant dans l'institution Liautard à Paris, voisine de Saint-Sulpice. On lui permit pendant les deux années qu'il passa dans cette maison, de suivre au séminaire les cours de dogme et de morale; et il passa une troisième année à Saint-Sulpice pour achever ses études théologiques et se mettre en état de rendre plus de services à son diocèse d'origine (1). Le 20 août 1813, il reçut le diplôme de bachelier ès lettres, et le 8 juillet 1814 celui de bachelier en théologie dans l'Académie de Paris. M. Fillion ayant été ordonné prêtre le 18 septembre 1813 fut envoyé au collège de Château-Gontier, où il paraît avoir été chargé spécialement, avec le titre de sous-supérieur, de la direction spirituelle de la maison. L'administration diocésaine ne

(1) Une lettre du 28 octobre 1814 de M. Duclaux, supérieur du séminaire de Saint-Sulpice, prouve l'estime qu'on y faisait de M. l'abbé Fillion : « Nous « recevrons, lui écrit-il, très volontiers le jeune homme pour lequel vous vous « intéressez. S'il vous ressemble et s'il prend comme vous l'esprit du sémi- « naire, il sera ce qu'il nous faut. » M. Fillion se trouvait au séminaire au moment où les Sulpiciens en furent expulsés par les ordres de Napoléon; il ne craignit pas d'entretenir des relations avec ses anciens maîtres, et M. Duclaux lui répondait le 20 décembre 1811 : « Mon très cher monsieur Fillion, « mon très cher enfant, je n'ai pu lire sans attendrissement la lettre que vous « avez eu la bonté de m'écrire. Je sens tous les jours et à chaque instant com- « bien il est dur à un père d'être obligé de quitter ses enfants... Ma consola- « tion, au milieu de ma douleur extrême, est de voir M. Jalabert à votre tête. « Je conjure le Seigneur de l'y conserver longtemps; car s'il venait à mourir, « je craindrais que son successeur n'eût pas ses vertus ni toutes ses qua- « lités... »

pouvait faire choix d'un ecclésiastique plus capable de donner une bonne direction et un excellent esprit à la nouvelle maison de Tessé. Un professeur, auquel était adjoint un répétiteur, fut chargé d'enseigner la philosophie. Il y avait avantage à faire subir une première épreuve aux jeunes gens qui se destinaient à l'état ecclésiastique. Ils ne prenaient pas immédiatement la soutane, et ils n'avaient que des relations peu fréquentes avec les séminaristes proprement dits. La comptabilité des deux maisons était commune. L'économe du séminaire recevait le produit des pensions des élèves de Tessé, et il pourvoyait à tous les besoins de cette maison. Le jardin de Tessé, qui était très vaste et en plein rapport, fournissait des légumes aux deux maisons.

Cependant la possession de la maison de Tessé ne fut jamais bien paisible. Dès le 19 octobre 1818, le ministre de l'Intérieur la réclama pour y établir une caserne et le dépôt de mendicité. Il faisait observer que le diocèse possédait, outre le séminaire Saint-Vincent, l'établissement de Saint-Saturnin et la maison rue des Chapelains, lesquels devaient amplement suffire aux besoins du clergé du Mans.

Mgr de Pidoll répondit que Saint-Saturnin avait dû être abandonné par suite des exigences de l'Université, et qu'il servait uniquement aujourd'hui de presbytère, suivant les intentions de la donatrice; que la maison de la rue des Chapelains était trop petite et d'ailleurs trop mal située pour qu'on en pût tirer aucun avantage. Il ajoutait qu'il n'avait consenti à l'échange de l'ancien séminaire de la Mission, qui possédait de magnifiques jardins et d'immenses bâtiments, contre l'abbaye de Saint-Vincent, dépourvue de tout jardin, qu'à la condition de conserver Tessé. Enfin, disait-il, la famille de Froulay-Tessé n'avait consenti à vendre son hôtel, et ne l'avait cédé à un prix très modéré, que parce qu'il devait servir pour un établissement religieux.

Le ministre de l'Intérieur ne paraît pas avoir insisté, et pendant plusieurs années le diocèse du Mans se maintint en possession de l'ancien hôtel de Tessé où se trouvait installé le cours de philosophie. Voici les professeurs qui furent successivement chargés de l'enseignement dans cette maison. M. l'abbé Pierre Moutin semble en avoir été le premier : il quitta le Mans en 1819 pour entrer au séminaire des Missions étrangères, et il mourut directeur au séminaire de Pulo-Pinang en 1822 (1). M. Heurtebize le remplaça en 1819. Nous voyons ensuite M. Arcanger en 1821 (2), M. Moreau en 1823, M. Toutin en 1825 (3), M. Coulon en 1827, M. Bouvet en 1828 (4), M. Chevereau en 1829 et M. Bouvier en 1830. MM. Heurtebize, Moreau, Chevereau et Bouvier passèrent au séminaire Saint-Vincent où nous aurons de nouveau l'occasion de parler d'eux comme professeurs ou supérieurs du séminaire.

(1) M. Moutin était né à Domfront-en-Champagne, le 3 septembre 1792. Peiné de voir entre les mains d'étrangers l'ancien sanctuaire de Notre-Dame de l'Habit, il fit des quêtes pour le racheter et le rendre au culte. M. l'abbé Dubignon, qui avait sans doute contribué à cette œuvre de dévotion, en devint propriétaire au moment où M. Moutin quitta la France. En 1865, la fabrique de Domfront est rentrée en possession de ce sanctuaire par suite de la vente que le P. Moreau lui en a faite.

(2) M. Arcanger Félix, né à Beaumont-la-Chartre le 15 décembre 1797, fut successivement après sa sortie de Tessé, curé de Champgeneteux, doyen de Malicorne et enfin archiprêtre de Notre-Dame de Mayenne. Il est mort chanoine titulaire au Mans, le 21 avril 1859.

(3) M. Toutin, Zéphire-Jacques, né à Coulombiers le 22 avril 1803, entra dans la congrégation de Saint-Sulpice. Il est mort en mars 1833.

(4) M. Bouvet, René-Pierre-Jean, né à Saint-Saturnin du Limet, le 21 septembre 1803, fut chargé au collège du Mans du cours de philosophie, et il exerça pendant plusieurs années la plus heureuse influence sur ses nombreux élèves qu'il affermit dans la foi et la pratique des bonnes œuvres. En quittant le collège du Mans, dont il était devenu principal, il fut nommé curé de Foulletourte puis doyen de la Suze. Il est mort dans cette paroisse le 16 juillet 1871.

CHAPITRE XIII

Collège ecclésiastique de Château-Gontier. — Difficultés causées par la révolution de 1830

Les conseils généraux de la Sarthe et de la Mayenne, sous l'Empire et pendant tout le temps de la Restauration, votèrent chaque année des subsides pour le séminaire diocésain. On accordait régulièrement une subvention pour le traitement du supérieur et des professeurs ; et presque tous les ans des secours étaient alloués en faveur des séminaristes pauvres. En octobre 1822, le département de la Mayenne accorda 3,400 fr. pour secours de ce genre qui devaient être répartis entre les séminaristes pauvres des trois arrondissements. Nous lisons dans le procès-verbal du conseil général du même département, pour l'année 1824 : « Le conseil a vu avec « plaisir l'établissement d'un petit séminaire à Précigné ; mais il « est situé hors du département, et le conseil désire en posséder un « dans son sein. Il demande donc que, conformément au vœu du « conseil municipal de Château-Gontier, son collège soit transformé « en école ecclésiastique. Le local est très convenable ; et ce serait « un avantage pour la ville et pour le département. »

Plusieurs tentatives avaient eu lieu précédemment dans le même but. Le 9 mai 1817, le conseil municipal de Château-Gontier avait pris une délibération pour mettre son collège à la disposition de l'évêque du Mans afin qu'on en pût faire une école ecclésiastique. Cette proposition avait été acceptée le 11 juillet suivant par

Mgr de Pidoll ; nous ignorons pourquoi elle n'avait pas été suivie d'effet (1).

En 1824 les mêmes propositions furent faites à Mgr de la Myre. Le collège avait 292 élèves : il était très florissant, et formait par le fait une école ecclésiastique à raison du grand nombre d'élèves se destinant à cet état, qui en étaient sortis depuis le rétablissement du culte, ou qui y faisaient encore leurs études. Mais le vénérable M. Horeau, principal depuis 26 ans, était âgé alors de 88 ans. On ne pouvait plus compter sur sa vie, et plusieurs fois il avait témoigné le désir de se retirer : la ville de Château-Gontier voulait donc prendre d'avance les mesures utiles pour assurer la conservation du collège dans son état actuel. On demandait que le principal continuât d'être un ecclésiastique, nommé par l'évêque du Mans, et que les professeurs fussent aussi des ecclésiastiques au choix de l'administration diocésaine. Le conseil municipal allait plus loin, et demandait même qu'une congrégation religieuse fût chargée de la direction du collège : on ne désignait pas expressément la compagnie de Jésus ; mais il n'y avait guère alors d'autre congrégation religieuse alors en état de diriger un collège.

Mgr de la Myre se prêta aux désirs de la ville de Château-Gontier et il s'adressa au ministre des affaires ecclésiastiques pour obtenir la transformation du collège de Château-Gontier en école secondaire ecclésiastique ou petit séminaire pour le département de la Mayenne. Mgr d'Hermopolis accueillit très favorablement la demande qui lui était présentée. Mais il pensa qu'un collège mixte serait beaucoup plus avantageux pour la ville de Château-Gontier qui pourrait continuer d'y envoyer des élèves externes, ce qui ne serait plus possible si le collège était transformé en petit séminaire. L'évêque diocésain devait avoir le droit de proposer au

(1) M. A. Guyais-Destouches, a publié pendant les années 1873 et 1874 des notes historiques fort intéressantes sur le collège de Château-Gontier. Le dernier article a paru dans la *Semaine* du 10 janvier 1874. Nous sommes heureux que notre sujet nous permette de reprendre et de compléter ce travail, précisément au moment où la mort de l'auteur l'a laissé interrompu.

recteur de l'académie le principal et tous les professeurs ecclésiastiques, lesquels seraient seulement obligés d'être pourvus des grades correspondant à leurs fonctions, suivant les règlements de l'Université. Les élèves ecclésiastiques, portés sur une liste dressée par l'évêque du Mans, seraient exemptés de la rétribution universitaire. Mgr de la Myre et le conseil municipal de Château-Gontier acceptèrent l'organisation proposée par le ministre des affaires ecclésiastiques, et un arrêté de ce dernier, en date du 4 octobre 1825 approuva la conversion du collège de Château-Gontier en collège mixte de plein exercice (1).

Cet arrangement parut très avantageux, et M. Horeau en témoigna toute sa satisfaction. « Il est difficile, écrivait M. l'abbé Devaux, « alors sous-principal, le 29 octobre 1825, d'exprimer la joie « qu'éprouve en ce moment le bon principal. Grâce à Dieu le voilà « libre. Il n'aura plus qu'à répondre à Votre Grandeur, comme l'a « assuré M. le recteur lui-même dans une lettre officielle. Il fau- « drait l'entendre chanter les louanges de Mgr d'Hermopolis. »

(1) Voici quel était, en 1828, le personnel enseignant du collège de Château-Gontier :

M. Horeau, principal, prêtre.
M. Devaux, sous-principal, prêtre.
M. Descars, prêtre, professeur de rhétorique.
M. Bourdon Vital, clerc minoré, seconde.
M. Mézerette, Jean-Baptiste, prêtre, troisième.
M. Bourgoin, clerc minoré, quatrième.
M. Lalande, tonsuré, cinquième.
M. Mousseau, tonsuré, sixième.
M. Chevalier, tonsuré, septième et huitième.
M. Bourdon Léon, clerc minoré, mathématiques.
M. Rousseau, clerc minoré, suppléant.
M. Geloux, maître d'étude.
M. Homo-Brulé, instituteur primaire, chargé de l'école primaire.

En voyant ce personnel du collège de Château-Gontier, composé pour une part notable de jeunes gens sortant du séminaire, il est impossible de ne pas sentir toute la justesse d'une observation faite par un illustre évêque de France : « Avec des instruments bien plus parfaits, et même quelquefois avec des maîtres personnellement très religieux, l'université n'obtint que des résultats bien imparfaits sous le rapport de l'éducation morale et religieuse des enfants. Il en est tout autrement de l'Église dans l'Œuvre de l'éducation de la jeunesse. »

M. Horeau n'avait, en effet, jamais pu se plier aux exigences si tracassières de l'Université ; et nous retrouvons de nombreuses plaintes adressées par le grand maître de l'Université ou par le recteur de l'Académie d'Angers à l'évêque du Mans contre ce supérieur, que son âge et les longs services dans l'éducation de la jeunesse rendaient vénérable.

L'ordonnance du 16 juin 1828 devint une cause de nouvelles difficultés pour M. Horeau. Le 13 novembre 1828, M. de Vatismenil, ministre de l'instruction publique et des cultes, écrivait à Mgr. de la Myre que, suivant les renseignements transmis au ministère de l'Instruction publique, M. le principal et MM. les professeurs du collège mixte de Château-Gontier avaient fait difficulté pour signer la déclaration demandée, qu'ils n'appartenaient pas à une congrégation religieuse reconnue en France. Il invitait l'évêque du Mans à faire cesser cette opposition ou à remplacer ceux qui se refuseraient à signer la déclaration ; sinon il menaçait de retirer au collège de Chateau-Gontier son titre de collège mixte. Il ajoutait : « Je sais tout le bien qui se fait à Château-Gontier. Le chef de ce « collège, par son grand âge, par ses vertus et ses longs services, « a droit à beaucoup d'égards. Je regretterais vivement qu'il y eut, « dans les circonstances présentes, quelque chose qui pût affliger « sa vieillesse. »

Ces ordonnances de 1828, prises sous la pression de l'opinion dite libérale, mais en réalité à la demande des ennemis de la religion et du gouvernement de Charles X, causèrent un trouble profond dans l'Église de France. Dans le diocèse du Mans rien ne s'opposait à ce que tous les ecclésiastiques employés dans l'enseignement signassent une déclaration qu'ils n'appartenaient pas à une congrégation religieuse non reconnue par l'État, puisque c'était la vérité. Mais l'ingérence de l'État dans la recherche d'un fait, uniquement du ressort de la conscience, paraissait inadmissible. D'un autre côté la déclaration demandée semblait être, au moins indirectement, la condamnation de congrégations religieuses approuvées et encouragées par l'Église. Quand on crut devoir céder devant les exigences de l'État, tous les ecclésiastiques séculiers s'entendirent pour adopter une formule qui excluait ce blâme. Tous signèrent : « Je déclare n'avoir pas l'honneur ou l'avantage d'appartenir « à une congrégation religieuse. »

Les derniers jours de M. l'abbé Horeau furent attristés par ces attaques du parti libéral contre l'Église. La divine Providence lui épargna du moins d'être témoin de la Révolution de 1830 et de tous les troubles qui en furent la conséquence. M. Horeau mourut le 29 janvier 1830, et il institua pour ses légataires universels M. Bouvier, supérieur du séminaire, M. Fillion, supérieur de la maison de Tessé, et M. Bellenfant, principal du petit séminaire de Précigné. Ce legs de M. Horeau consistait en quelques immeubles, joignant le collège, et que le principal y avait successivement ajoutés, en un pré situé commune d'Azé, et surtout dans tout le mobilier du collège. Pendant les vacances qui suivirent la mort de M. Horeau, ses légataires universels firent faire au collège des réparations assez considérables, et l'administration diocésaine leur fit une avance de 6,000 francs pour les aider à supporter cette dépense.

M. l'abbé Devaux, depuis 12 ans professeur puis sous-supérieur du collège de Château-Gontier, en fut nommé supérieur, le 19 mai 1830, par le ministre de l'instruction publique, sur la présentation de l'évêque du Mans.

Souvent l'on a reproché amèrement à l'Église d'avoir trop intimement uni ses intérêts à ceux du gouvernement de la Restauration. S'il ne se fût agi, entre les Bourbons et leurs adversaires, que de questions spéculatives sur le gouvernement parlementaire ou sur la préférence à donner soit à l'ancien régime, soit à l'ordre de choses issu de la Révolution ; si de simples intérêts matériels ou des luttes d'influence personnelle, avaient seulement divisé ceux qui se disputaient le pouvoir, sans aucun doute il eût été du devoir de l'Église de se tenir en dehors de ces luttes pour prodiguer ses consolations célestes et aux vainqueurs et à ceux qui auraient succombé dans ces luttes inséparables de toute association humaine. Mais l'opposition se proposa bientôt le renversement même du gouvernement légitime. De plus les ennemis de l'État étaient en même temps les ennemis les plus acharnés de l'Église qu'ils poursuivaient de leurs calomnies dans la presse périodique, et dont ils sapaient les fondements par la réimpression et la diffusion des œuvres des philosophes du XVIIIe siècle les plus opposées à la Révélation et à la morale. L'Église, dût-elle encourir encore plus d'impopularité, accomplissait donc une obligation de conscience en prêchant la soumission au pouvoir légitime, et en usant de toute son influence pour combattre les ennemis de l'État. Sans doute des imprudences ont dû être commises dans une lutte de tous les instants et en présence d'ennemis acharnés. De son côté le gouvernement en soutenant l'Église remplissait un devoir. « La puissance royale, nous dit le « pape Pie VII, est conférée non-seulement pour le gouvernement « de ce monde, mais surtout pour la protection de l'Église ; et rien « n'est plus avantageux ou plus glorieux pour les chefs de l'État « que de laisser l'Église catholique se gouverner par ses propres « lois, et de ne permettre à personne de mettre obstacle à sa li- « berté » (1). Aveuglés par leurs préjugés gallicans du siècle dernier, les dépositaires du pouvoir oublièrent trop souvent cette dernière vérité, et ils exposèrent l'Église aux attaques de ses ennemis, tout en lui refusant cette liberté d'action dont elle aurait eu besoin pour les combattre efficacement.

Dans des circonstances pareilles, la chute du gouvernement de Charles X eut des conséquences funestes pour l'Église. De tous les côtés se produisirent des manifestations antireligieuses. Le nouveau gouvernement ne se dissimulait pas d'ailleurs que le clergé, et même en général les personnes les plus religieuses, lui étaient peu favorables. Il en résulta un état d'hostilité contre l'Église pendant les premières années du règne de Louis-Philippe.

Le gouvernement de Juillet commença par supprimer les bourses accordées aux élèves des petits séminaires en vertu des ordonnances de 1828 ; ces bourses pour le diocèse du Mans produisaient un revenu de 17,000 francs. Les bourses du grand séminaire furent réduites de 24,000 francs à 18,000 francs ; enfin les deux conseils

(1) Pie VII, Epist. encycl. *Diu datis*, maii 1800.

généraux de la Sarthe et de la Mayenne cessèrent en 1831 de voter en faveur du séminaire, soit pour le traitement des directeurs, soit pour venir en aide aux séminaristes pauvres, soit pour les besoins ordinaires de la maison, des subventions annuelles qui s'élevèrent plusieurs fois à 17,000 francs et qui d'ordinaire atteignaient 14,000 francs. Ces diminutions de crédits causèrent donc un déficit de près de 37,000 francs dans les ressources dont l'administration diocésaine pouvait disposer en faveur des élèves ecclésiastiques, soit du petit, soit du grand séminaire.

Le produit des quêtes faites dans le diocèse pour les séminaires allait aussi chaque année en diminuant. Dans beaucoup de paroisses l'on avait entièrement cessé de faire la quête depuis cinq ou six ans, et dans un plus grand nombre encore depuis deux ou trois ans. Un tel état de choses ne pouvait se prolonger sans les plus graves inconvénients. Mgr Carron, évêque du Mans, adressa donc une circulaire au clergé et aux fidèles du diocèse, le 12 mars 1832. « Nous venons aujourd'hui, disait-il, N. T. C. F., vous entretenir familièrement et avec confiance d'un sujet souvent présent à notre souvenir et à notre cœur parce qu'il touche de très près à la perpétuité de la religion parmi vous, et par conséquent à votre bonheur : nous voulons parler de nos séminaires, en faveur desquels nous avons à solliciter de nouveau les marques de votre religieux intérêt.

« Instruit que, depuis plusieurs années, le produit des quêtes ordonnées par nos prédécesseurs au profit de ces établissements allait tous les ans en décroissant, nous avons dû nous alarmer pour l'avenir, et nous appliquer à rechercher les causes de la progression descendante d'une ressource pourtant si indispensablement nécessaire. Les besoins de nos séminaires sont toujours les mêmes : malgré les sommes énormes qui ont été appliquées à la restauration de Saint-Vincent, il s'en faut bien que cette immense maison soit dans l'état où il serait à désirer qu'elle fût, et où nous sommes persuadés que vous aimeriez tous à la voir. La moitié au moins des croisées sont à refaire : elles ne sont pas réparables. Le carrelage des corridors et des cellules est presque partout à relever.

Les degrés de l'un des grands escaliers sont usés, au point de ne plus offrir de sûreté pour la libre circulation dans cette portion de la maison. La toiture est en souffrance dans toutes ses parties et il est urgent de s'en occuper sérieusement. Les murs sont à nu, excepté du côté de la façade ouest; et le revêtissement, à l'extérieur surtout, en est commandé pour la conservation même de l'édifice.

« Le séminaire des philosophes, Tessé, appelle sous tous les rapports l'attention et les soins de l'administration. Nous ne parlons pas du linge et du mobilier des deux maisons : qui de vous ne sait que, dans les plus petits ménages, ces choses doivent être renouvelées successivement, au fur et à mesure qu'elles viennent à dépérir par l'usage, sous peine d'avoir un peu plus tard à faire à la fois, une dépense très considérable ?

« Au milieu de pareilles nécessités, que ferons-nous N. T. C. F. si votre charité nous abandonne ? La diminution du budget du clergé ne permet même pas d'espérer que les secours accordés jusqu'ici par le gouvernement, soient maintenus sur le même pied ; et pourtant la dépense de l'entretien annuel des bâtiments de Saint-Vincent dépassait déjà l'allocation ministérielle pour cet objet. D'un autre côté, le nombre de nos bourses a encore été réduit d'un quart, il y a quelques mois. Vous voyez, N. T C. F., que nos embarras se multiplient, sans que nous puissions prévoir où ils s'arrêteront, et que le secours de vos pieuses libéralités nous est plus que jamais nécessaire. »

Un appel si pressant fut entendu, et le séminaire du Mans put traverser cette crise redoutable non sans peine, mais sans être obligé de renvoyer aucun des étudiants ecclésiastiques, plus nombreux à cette époque qu'ils ne l'avaient jamais été auparavant (1).

La situation devint plus grave au moment où la duchesse de Berry se rendit dans l'Ouest pour organiser un soulèvement général

(1) En 1830, le nombre des prêtres ordonnés fut de 71 ; en 1831, il était de 50.

contre le gouvernement de Louis-Philippe. Les mesures furent mal concertées ; et quand on reconnut que le mouvement légitimiste n'avait aucune chance de succès, il était trop tard pour que les contre-ordres arrivassent partout. La prise d'arme du 24 mai 1832 fut partielle et n'eut d'autre effet que de compromettre ceux qui se soulevèrent. Elle eut lieu dans une partie de la Mayenne, et par suite l'arrondissement de Château-Gontier fut mis en état de siège.

Les élèves du collège de Château-Gontier appartenaient en grande partie à des parents légitimistes. Malgré toute l'énergie et la prudence des directeurs de cette maison, il était bien difficile d'empêcher une jeunesse ardente de manifester ses préférences politiques. Le gouvernement accusa les professeurs du collège de n'avoir pas prévenu, ni suffisamment réprimé, les manifestations politiques qui éclatèrent dans cette maison.

Le 12 juillet 1832 l'Université fit connaître l'intention où l'on était de remplacer les professeurs ecclésiastiques par des laïques au fur et à mesure des vacances qui se produiraient.

En vain M. Bouvier, au nom des légataires universels de M. l'abbé Horeau, protesta-t-il contre cette mesure et annonça-t-il l'intention de retirer du collège tout ce qui lui appartenait. Le 3 octobre 1832, à la veille même de la rentrée des classes, le recteur de l'Académie d'Angers annonça au principal du collège de Château-Gontier que quatre professeurs laïques allaient venir remplacer quatre professeurs ecclésiastiques ; ce qui se fit malgré les protestations de l'administration. Cette mesure causa au collège le préjudice le plus grave. M. l'abbé Devaux crut devoir se retirer, et M. Descars le remplaça en 1833, comme principal, mais sans pouvoir rétablir la prospérité du collège qui diminua de jour en jour. En janvier 1838, Château-Gontier avait cent pensionnaires de moins qu'en 1832.

Au Mans les difficultés ne furent pas moins grandes. On faisait courir le bruit que les séminaristes s'organisaient militairement, qu'ils s'exerçaient pendant la nuit au maniement des armes, et qu'ils étaient prêts à se joindre aux partisans d'Henri V. Mgr Carron crut devoir écrire, le 2 juin 1831, au ministre de la guerre pour combattre le projet, qu'on prêtait à l'administration, de s'emparer du séminaire Saint-Vincent pour y installer des troupes. Le ministre s'empressa de répondre qu'on n'avait pas songé à une pareille mesure. Ce qui avait donné lieu à ces craintes était le mauvais vouloir des administrations locales. Dès le 23 février 1831, le préfet de la Sarthe demandait qu'on lui fournît jour par jour l'état nominatif des séminaristes qui abandonnaient leurs études : « J'apprends à l'instant, écrivait-il, « que les élèves du séminaire se disposent à quitter cet établisse- « ment, que plusieurs d'entre eux ont exécuté cette résolution, et spé- « cialement ceux nés dans le département de la Mayenne. » Ce qui était vrai, c'est que plusieurs de ces jeunes gens appartenant à des familles légitimistes étaient tout prêts à se sacrifier pour le triomphe d'une cause qu'ils regardaient comme sacrée. Il fallut toute l'autorité dont jouissait M. Bouvier, supérieur du séminaire, pour donner d'une part aux autorités civiles l'assurance qu'il ne tolérerait aucune manifestation politique dans sa maison, et de l'autre pour empêcher des jeunes gens enthousiastes de sacrifier leur avenir sans espoir sérieux d'un heureux résultat (1). Cette crise si grave se passa sans que le séminaire eût rien à souffrir et sans que les études fussent un seul instant interrompues (2).

(1) En 1815, les élèves du collège de Vannes avaient pris les armes pour combattre Napoléon revenu de l'île d'Elbe. Une ordonnance royale du 27 juin 1816 récompensa ces jeunes gens de leur dévoûment à la cause des Bourbons. Ce souvenir encore tout récent encourageait ceux à qui une simple abstention paraissait une lâcheté.

(2) Nous ne parlons point ici de ce qui se passa au petit séminaire de Précigné. (Voir dans l'Appendice I l'affaire de la Chapelle-d'Aligné et l'arrestation des professeurs.)

CHAPITRE XIV

Travaux exécutés au séminaire. — M. Bouvier nommé évêque du Mans

Dans la lettre circulaire que nous avons citée, Mgr Carron parlait des travaux indispensables à faire à la maison Saint-Vincent. L'administration diocésaine les fit exécuter d'urgence et demanda ensuite que le gouvernement voulut bien prendre cette dépense à sa charge. Le ministre des cultes, comme nous le témoigne une lettre du 26 novembre 1831, se plaignit de cette irrégularité et de la défiance qu'on avait témoigné à l'égard du gouvernement. Le 17 mai 1832 il accorda cependant 10,241 francs pour la restauration de la couverture, 4,020 pour réfection des carrelages, 4,245 francs pour refaire les enduits extérieurs et 1,128 francs pour réparation au four et à un escalier ; soit en totalité une somme de 19,634 francs. A partir de 1832, nous voyons aussi le gouvernement continuer d'accorder chaque année une somme de 2,000 à 3,000 francs pour l'entretien des bâtiments du séminaire.

Le 5 juin 1830 M. Mautouchet (1), curé de Pré-en-Pail, avait été nommé économe du séminaire. Malgré les circonstances critiques

(1) M. Jacques MAUTOUCHET, né à Vallon le 23 janvier 1791, d'abord vicaire à Noyen puis curé de Tresson, fut nommé curé de Pré-en-Pail le 10 février 1821. Il prit possession de l'économat du séminaire le 6 juin 1830. Depuis cette époque jusqu'à la fin de décembre 1847 il n'a pas cessé comme économe, et ensuite trésorier du Séminaire, de veiller aux intérêts de cet établissement. Nommé chanoine titulaire le 10 juillet 1843, il est décédé le 17 décembre 1860.

pendant lesquelles il commençait ses fonctions, le nouvel économe sut, par une intelligente et active gestion des intérêts qui lui étaient confiés, améliorer la situation matérielle du séminaire.

En 1830, il fit reconstruire à neuf la maison du fermier, l'étable et l'écurie de la nouvelle ferme des Hommelets, donnée au séminaire par M. l'abbé Dubignon, comme maison de campagne.

En 1833, on établit une pompe dans le puits de la cour du nord, avec un bassin à l'entrée du réfectoire. En 1849, l'on crut qu'il y aurait avantage à rétablir le puits de la cour du midi, dont s'étaient servis, avant la Révolution, les bénédictins du monastère Saint-Vincent. M. Lassus, architecte du gouvernement, fit construire le petit pavillon qui renferme une pompe et un réservoir d'eau au-dessus, lequel se trouve encore dans la cour du midi (1). Malgré le soin qu'on a pris de décorer les quatre façades de ce pavillon de guirlandes de fleurs et d'animaux aquatiques sculptés par MM. Gaulier, frères, qui venaient de s'établir au Mans, cette construction paraît lourde et encombrante. Quelques années plus tard on essaya d'utiliser un autre puits qui se trouvait sur le terrain acheté pour l'établissement des missionnaires diocésains. Malgré toutes ces tentatives le service des eaux pour les besoins du séminaire a toujours été très difficile à cause de l'extrême profondeur des puits, et de la petite quantité et même de la mauvaise qualité des eaux qu'ils fournissent. Cet état de choses n'a fini que par l'établissement par la ville du Mans d'un service public des eaux, qui procure au séminaire, abondamment et dans des conditions peu onéreuses, toute l'eau dont cette importante maison a besoin.

Cette même année 1832, le grand escalier, le réfectoire et la cuisine furent grattés et blanchis en entier. Une nouvelle chambre pour un directeur fut établie.

Ce fut aussi pendant les vacances de l'année 1833 qu'on répara l'escalier dit de la Sainte-Trinité (2) : les marches en étaient com-

(1) Cette construction coûta 10,461 francs.

(2) A cause des bas-reliefs de Dieu le Père, du Sauveur du monde et du Saint-Esprit qui ornent chacun des étages.

plètement usées et le service de cet escalier pouvait devenir dangereux. M. l'abbé Dubignon, dont la chambre située au premier étage touchait à cet escalier, désirait vivement sa restauration, et il contribua à la dépense pour une somme de 1,800 francs. L'année suivante, en 1834, il donna encore 1,500 francs pour aider à la réparation du corridor et des chambres du premier étage, qui étaient dans le plus complet état de dégradation. Un peu auparavant l'on avait remplacé, au troisième étage, les cloisons des cellules qui étaient en planches, par des cloisons en briques. Les premières offraient un danger imminent d'incendie. Les séminaristes travaillent dans leurs cellules et sont autorisés à y faire du feu pendant l'hiver : on doit donc s'étonner que, dans ces conditions, l'on n'ait pas eu à déplorer quelque imprudence dont les conséquences auraient eu une extrême gravité.

Un cours de sciences physiques fut établi au grand séminaire en 1835, et la dépense pour achat d'instruments s'éleva à près de 9,000 francs. On installa ces instruments, avec le cabinet de minéralogie et l'herbier donné par M. Cauvin, dans une salle au rez-de-chaussée (1) ayant servi jusqu'alors pour la menuiserie et la décharge. Le pavage, les enduits et les fenêtres furent refaits à neuf, et des armoires convenables y furent établies Une autre salle voisine fut restaurée pour servir de classe de philosophie et de sciences physiques.

En 1836, on restaura complètement la belle pièce du rez-de-chaussée, entre la cuisine et la salle des exercices. Les boiseries du temps de Louis XV, la voûte et les enduits furent remis à neuf. Cette salle put dès lors servir, soit de salon, soit de salle à manger, pour les réunions extraordinaires des directeurs et des personnes qui de temps en temps sont invitées au séminaire.

Dans cette même année 1836, l'on construisit près de l'infirmerie

(1) Cette salle est dans l'aile orientale du bâtiment, sur la cour du midi. La bibliothèque y est aujourd'hui installée. Si nos souvenirs sont exacts, M. Cauvin voulut bien se charger, pendant les premières années, de l'enseignement, au séminaire, des sciences physiques.

un appartement pour la lingerie (1) et deux chambres pour les sœurs infirmières. Le 22 avril 1829 le bureau d'administration du séminaire avait adressé une demande à la supérieure générale des Sœurs d'Evron, à l'effet d'obtenir deux sœurs qui seraient chargées du soin des séminaristes malades et de la surveillance des ouvrières occupées à la lingerie. Jusqu'à ce moment, et presque depuis la fondation, le séminaire avait eu pour infirmières Marie Bonhommet, ancienne religieuse avant la Révolution, et sa compagne, qui ne recevaient pour leur travail que la nourriture et ce qui était nécessaire au modeste entretien de leur garde-robe. Mais ces excellentes filles avaient vieilli et ne pouvaient plus remplir leurs fonctions. La sœur Pôté, supérieure générale de la congrégation d'Évron, accueillit avec empressement la demande du bureau d'administration du séminaire Les sœurs de cette congrégation ont desservi l'infirmerie du séminaire jusqu'en 1855, année où elles furent remplacées par les sœurs de la Providence de Ruillé-sur-Loir. Ces dernières continuent les traditions de charité et de dévouement de leurs dévancières.

En 1837 le séminaire fit construire le vaste bûcher qu'on a conservé jusqu'à ce jour, bien que son emplacement actuel ne soit plus aussi convenable, et l'on fit approprier, dans l'ancienne abbatiale, des appartements plus convenables que les chambres servant à tous les étrangers, pour offrir une demeure à Mgr l'évêque du Mans pendant les retraites ecclésiastiques, et toutes les fois qu'il lui plairait de se fixer à son séminaire diocésain.

Quelques années auparavant le séminaire avait été témoin d'un événement particulièrement glorieux pour lui. Le supérieur, qui avait assisté presque au début de cette maison, qui depuis quinze années se trouvait à sa tête, était appelé à l'honneur de l'épiscopat, dans le diocèse même où il était né et où toute sa vie s'était passée.

(1) La lingerie était alors dans un appartement du rez-de-chaussée situé près la salle de conférences. On fit, pendant les vacances de l'année 1840, restaurer cet appartement pour en faire une chapelle qui s'ouvre maintenant sur la salle des conférences. Cette même année, les bancs de cette salle furent refaits à neuf et disposés dans la forme qu'ils ont encore aujourd'hui.

En annonçant officiellement cette nouvelle, MM. les vicaires capitulaires montraient combien la nomination de M. Bouvier devait être agréable à tout le diocèse : « Né au milieu de vous, connu de la « plupart d'entre vous, connu des ecclésiastiques qu'il forma pres- « que tous à la science des saints et qu'il aima constamment avec « une tendresse paternelle ; connu des laïques, qui tous sans excep- « tion lui payèrent le tribut de leur confiance et de leur vénération, « notre évêque se présente à vous comme le bon Pasteur..... Vous « savez quelle réputation il s'est acquise par des ouvrages qui ont « marqué sa place au rang des théologiens les plus distingués ; par « une piété qui fut toujours proposée comme modèle ; par un zèle « qui ne se démentit jamais ; par une modestie qui semble donner « un nouvel éclat à son mérite et à ses vertus ; enfin par un esprit « de sagesse et de modération qui lui concilia, dans des temps diffi- « ciles, l'estime et le respect.... qualités précieuses qui, en lui don- « nant comme malgré lui une célébrité qu'il n'ambitionna point, « le mirent de bonne heure à la tête du clergé, lui méritèrent la « confiance des trois derniers évêques du Mans, et le placent au- « jourd'hui sur ce même siège dont il était depuis longtemps le « premier et le principal appui. »

Rompant avec une longue habitude qui portait les nouveaux évêques à se faire sacrer à Paris dans quelque chapelle de communauté, Mgr Bouvier voulut recevoir la consécration épiscopale dans son église cathédrale (1). Il obtint un indult pour que la cérémonie pût se faire un autre jour que le dimanche, afin qu'un plus grand nombre d'ecclésiastiques, amis et élèves du nouvel évêque, eût la possibilité d'y assister. Cette consécration eut lieu en effet le vendredi 21 mars 1834, fête de la Compassion de la sainte Vierge, au milieu de la joie et de l'enthousiasme de tout le diocèse, de la ville du Mans et surtout du séminaire diocésain qui se regardait, à juste titre, comme la famille du nouvel évêque.

(1) Le gouvernement de Louis-Philippe n'accueillit qu'avec répugnance la proposition qu'on lui en fit ; il semblait craindre la réunion au Mans du métropolitain de Tours et de quelques évêques : la seule apparence d'un concile le faisait trembler.

La nomination de Mgr Bouvier au siège du Mans rendait nécessaire le choix d'un nouveau supérieur du séminaire. M. l'abbé Heurtebize, sous-supérieur, fut appelé à remplir ces fonctions si importantes pour le bien de tout le diocèse.

Né à Évron, le 21 décembre 1796, d'une famille connue de tous par une probité, une gravité de mœurs antiques et la pratique sévère de tous les devoirs que la religion impose, M. Heurtebize montra dès sa jeunesse un caractère de fermeté douce et grave, de réserve prudente et discrète, et de fidélité à ses devoirs qui le distingua pendant toute sa vie. M. Bouvier, supérieur du séminaire, sut distinguer les talents et la piété du jeune séminariste, et dès cette époque il lui témoigna une confiance et une affection qu'aucune circonstance ne put altérer et dont il lui donna des preuves incessantes. Aussitôt après sa promotion à la prêtrise, en 1819, M. Heurtebize fut appelé au séminaire comme directeur et chargé d'abord, à Tessé, du cours de philosophie, puis, à Saint-Vincent, du cours de théologie en remplacement de M. l'abbé Chauvigné. « Esprit élevé, doué « d'un jugement ferme et droit et d'une science appuyée sur des « principes sûrs, un des premiers il inaugura dans l'enseignement « du séminaire le retour aux traditions de l'Église romaine.... Une « infirmité, la surdité, dont il fut depuis affligé toute sa vie, le « força de renoncer à sa chaire. » (1).

Désirant le conserver au séminaire, M. Bouvier le fit nommer économe de cette maison, fonctions que M. Heurtebize exerça de 1825 à 1830, et ensuite sous-supérieur en 1826. En le nommant supérieur, Mgr Bouvier lui donna des lettres de vicaire général, et le 31 mars 1836 il le pourvut du canonicat vacant par la mort de M. l'abbé Chaplain.

L'auteur de la notice que nous avons déjà citée apprécie, comme il suit, les mérites du nouveau supérieur : « Il était périlleux de « succéder à Mgr Bouvier. Cependant dès qu'il eut pris sa place, « M. Heurtebize parut être l'homme véritablement fait pour l'oc-

(1) Nous donnons ces détails en nous servant de la *Notice* publiée sur M. Heurtebize dans la *Semaine du Fidèle* du 17 août 1867.

« eurer, et l'on peut dire qu'il a exercé au séminaire une grande « et légitime influence. Ses nombreux élèves, aujourd'hui répandus « dans les deux diocèses du Mans et de Laval, n'ont point oublié les « leçons et les exemples de vertu qu'il leur donna. Ils se rappellent « sa tenue grave et digne, sa fermeté tempérée par la bonté, son « zèle pour la discipline ecclésiastique, sa profonde piété. Formé à « la connaissance de la vie spirituelle à l'école des grands maîtres, « il en possédait les secrets et en exposait les doctrines, dans ses « conférences, d'une façon à la fois simple et élevée, avec l'autorité « d'une vie conforme à ses leçons. Sa direction forte et douce en « même temps conduisait, par une voie sûre, aux vertus du sacer- « doce ces jeunes âmes qui se préparaient à en remplir les sublimes « fonctions. »

Voici quels étaient les directeurs du séminaire au moment où M. Heurtebize en devint le supérieur. M. Hamon continuait de professer le cours de théologie morale, et M. Mautouchet était économe. M. Moreau, nommé sous-supérieur, avait remplacé en 1826 M. Heurtebize comme professeur de théologie dogmatique ; depuis l'année 1829, il était chargé du cours d'Écriture sainte qu'avait laissé M. Lottin, nommé secrétaire général de l'évêché. M. l'abbé Clocheau (1) était chargé depuis 1826 des fonctions de maître des cérémonies. M. l'abbé Chevereau avait remplacé en 1829 M. Moreau au cours de théologie dogmatique, et il resta chargé de cet enseignement jusqu'en 1841, époque où il devint supérieur du séminaire.

(1) M. Clocheau, Julien-Félix, né à Villaines-la-Gonais, le 18 mai 1799, fut nommé chanoine honoraire en 1827 par Mgr de la Myre. En sortant du séminaire, en 1841, il fut pourvu de la cure de Landivy où il resta jusqu'en 1868. En 1871, Mgr Wicart l'a nommé chanoine titulaire de la cathédrale de Laval.

CHAPITRE XV

Petit séminaire de Tessé. — Sa translation à Château-Gontier.

Le choléra-morbus, qui s'était déclaré en 1817 sur les bords du Gange, avait parcouru l'Asie dans toutes les directions et dépeuplé les empires qui s'étendent des rives de l'Inde aux extrémités orientales de la Sibérie. Vers la fin de 1830, il avait pénétré en Europe par la Russie. Bientôt après, à la grande stupéfaction des nations de l'Occident, il avait successivement envahi la Prusse, la Bohême, l'Autriche, moissonnant les peuples, allant par bonds d'un pays à l'autre, revenant sur ses pas, changeant de route, et toujours terrible, toujours mystérieux, toujours exterminateur.

Le 26 mars 1832 il éclata à Paris, et en quelques jours il se développa dans une progression effrayante. Dans une seule journée, celle du 9 avril, on constata sur les registres mortuaires plus de neuf cents décès. Toutes les précautions prises à l'avance se trouvèrent insuffisantes : les ambulances n'étaient point en assez grand nombre, les médecins ne pouvaient suffire à leur tâche, les lits manquaient dans les hôpitaux, et les hôpitaux, pour y recevoir ceux qu'on y déposait, auraient dû être multipliés sur tous les points de Paris (1).

Au Mans une commission de salubrité fut instituée pour prendre toutes les mesures capables ou d'empêcher la contagion, ou du

(1) Voir Amédée Gabourd, *Histoire contemporaine*, t. I, p. 498 et suivantes.

moins de soulager les personnes qui seraient atteintes par le redoutable fléau. Elle demanda et elle obtint de l'autorité ecclésiastique, dès le 31 mars 1832, l'autorisation de pénétrer dans toutes les maisons religieuses, même dans les communautés cloîtrées, pour visiter les lieux. L'administration municipale organisa des ambulances; et dans la pénurie où elle se trouvait d'emplacements convenables, elle obtint de Mgr Carron, pour ce besoin si pressant, la concession provisoire du petit séminaire de Tessé (1). Le déménagement se fit très hâtivement; et les séminaristes de Tessé, qui y prirent part, gardèrent longtemps le souvenir de l'aspect assez pittoresque que présentaient les élèves emportant les petits objets mobiliers à leur usage personnel. Les philosophes furent installés au grand séminaire Saint-Vincent; mais les deux maisons demeurèrent distinctes pendant quelques années, et M. Fillion conserva le titre et les fonctions de supérieur.

Le choléra épargna heureusement la ville du Mans, et les mesures de précaution prises par la municipalité se trouvèrent sans objet. Mais à la même époque, les troubles politiques de l'Ouest obligèrent le gouvernement d'augmenter les forces militaires dans les départements menacés par les soulèvements royalistes. La ville du Mans eut à pourvoir au logement d'une garnison beaucoup plus nombreuse, et elle profita des bâtiments de Tessé restés à sa disposition pour y installer les soldats.

En 1836, les troubles de l'Ouest étant entièrement apaisés, et le gouvernement ayant retiré les troupes qu'il avait fait venir à cette occasion, Mgr Bouvier s'adressa au préfet de la Sarthe et au maire du Mans pour qu'on remît le diocèse en possession des bâtiments et des dépendances de la maison de Tessé. Il avait résolu d'y établir un petit séminaire pour la Sarthe, celui de Précigné représentant le petit séminaire qu'il était en droit d'avoir pour le département de la Mayenne.

(1) Mgr de Quélen, archevêque de Paris, offrit à la ville de Paris sa maison de campagne de Conflans pour habitation de convalescence aux cholériques. Il avait immédiatement prescrit des quêtes afin de soulager tant d'infortunes, et plus tard de recueillir les orphelins du choléra.

Cette réclamation si bien fondée fut très mal accueillie. Il fallut de nombreuses instances et des négociations assez pénibles auprès du maire du Mans, du préfet de la Sarthe et même du ministre des Cultes pour qu'on se décidât à y faire droit. Enfin le 29 juin 1836, les clefs de Tessé furent remises à l'administration diocésaine, qui rentra en possession de cet ancien séminaire et du mobilier qu'elle y avait laissé (1). On comprend que cette maison, ayant servi de caserne pendant quatre années, était dans un assez fâcheux état de délabrement.

Au mois d'octobre suivant on installa à Tessé une école secondaire ecclésiastique, sous la direction de M. l'abbé Fillion qui eut pour principal collaborateur et préfet des études, M. l'abbe Gobil (2). En 1840, M. Fillion fut remplacé (3) par M. l'abbé Toury (4) qui ne fit que passer à Tessé, et enfin par M. l'abbé Bercy (5), précédem-

(1) On y avait laissé une centaine de bois de lit, de paillasses et quelques autres objets.

(2) M. Gobil, Pierre-Alexis, né à Changé-lès-Laval, le 17 juillet 1811, était aumônier du collège de Laval quand il fut appelé à Tessé. En sortant de cette maison, il entra dans le diocèse de Paris. En juin 1844, il devint vicaire à N.-D. de la Couture, et curé de Parcé le 21 novembre 1853. M. Gobil est aujourd'hui curé-doyen de Château-du-Loir, et chanoine honoraire du Mans.

(3) M. Fillion avait été nommé chanoine titulaire par brevet royal du 19 novembre 1829, à l'occasion du serment de fidélité de Mgr Carron, évêque du Mans; mais il ne prit possession que le 3 janvier 1830, en remplacement de M. Bourmault, démissionnaire. M. l'abbé Fillion est mort le 12 septembre 1861.

(4) M. Toury, René-Arsène, né à Vallon le 10 juillet 1802, d'abord vicaire à Pré-en-Pail, puis curé de Bessé, fut nommé supérieur du collège de Tessé en août 1839. Il ne resta à la tête de cette maison que jusqu'à la fin de février 1840. M. Toury fut ensuite aumônier de N.-D. de la Flèche, curé de Saint-Rémy de Château-Gontier, archiprêtre de Saint-Calais, et enfin vicaire général titulaire le 5 mai 1858. Il est décédé au Mans le 4 août 1864.

(5) M. Bercy, Jean-Marin, né à Préval, le 2 avril 1811, fut chargé, en 1830, du cours d'Écriture sainte au grand séminaire, en remplacement de M. l'abbé Moreau. Pour s'y préparer il avait étudié la langue hébraïque, et dès l'année 1833 il publia à Paris une brochure in-8° de 104 pages : *Quelques mots sur la Traduction nouvelle de la Bible*, par S. Cahen. M. Bercy savait en outre donner un vif intérêt à son cours. Mgr Fillion; qui suivait ce cours comme élève, nous a plusieurs fois raconté la vive impression produite spécialement par la leçon que donna le jeune professeur sur le Psaume 72. M. Bercy montrait le roi David, comme tous les philosophes, non seulement de l'antiquité, mais de tous les temps, les Socrate, les Platon, les de Maistre, etc., sondant le profond mystère de la divine Providence dans la distribution des peines ou des récom-

ment préfet des études à Tessé, lequel resta à la tête de cette maison jusqu'à sa translation à Château-Gontier.

La situation de la maison d'éducation de Tessé ne fut jamais bien définie. « Lorsque nous fîmes ouvrir la maison de Tessé il y a six ans, disait Mgr Bouvier dans une circulaire du 21 mai 1842, nous pensions qu'il serait avantageux d'être en mesure d'user noblement de la liberté qu'on nous faisait entrevoir comme prochaine. Dans ce dessein, nous ne reculâmes devant aucun sacrifice, parce que nous avions à cœur de seconder, selon notre pouvoir, la pieuse sollicitude des parents qui désirent, par dessus tout, faire élever chrétiennement leurs enfants. »

« La liberté sur laquelle nous comptions n'est pas arrivée, et nous ne pouvons entrevoir le moment où il nous sera donné d'en jouir. »

Plusieurs projets de loi furent successivement proposés à cette époque par suite des promesses formelles faites par la charte de 1830 de la liberté d'enseignement, et pour donner quelque satisfaction aux revendications incessantes des catholiques; mais le gouvernement, dans tous les projets présentés, semblait bien plus préoccupé d'imposer des entraves que d'accorder une franche liberté. Aussi ces projets n'eurent-ils aucun résultat.

En attendant, la maison de Tessé ne pouvait exister que comme petit séminaire, et dès le 10 janvier 1837, le grand maître de l'université avait écrit à Mgr Bouvier pour se plaindre de l'ouverture de cette nouvelle maison d'éducation. Une longue négociation s'engagea entre l'évêque du Mans et le ministre des Cultes. Mgr Bouvier fut plusieurs fois obligé de faire le voyage de Paris. Tout le monde comprenait que la répartition du nombre des élèves ecclésiastiques s'était faite, en 1828, d'une façon bien arbitraire entre les divers diocèses; et que c'était bien peu de 250 élèves

penses temporelles entre les bons et les méchants, et presque ébranlé dans sa foi en voyant la prospérité des impies. Il ajoutait que quelques années plus tard, étant lui-même chargé du cours d'Écriture sainte, il avait voulu essayer si la même leçon, que sa merveilleuse mémoire lui permettait de redire presque textuellement, produirait le même effet; et qu'il avait senti dans tout son auditoire l'impression qu'avait faite la première fois la leçon de M. l'abbé Bercy.

pour le diocèse du Mans, composé de deux grands départements. Mais on trouvait des difficultés à revenir sur cette répartition, avant que la loi sur l'instruction secondaire fût faite et promulguée; et l'on jugeait qu'il valait mieux rester dans le *statu quo*. Mgr Bouvier ne se lassa pas : pendant trois années, il ne cessa de réclamer la reconnaissance de Tessé comme école secondaire ecclésiastique, et l'augmentation du chiffre d'élèves accordé au diocèse du Mans. Il écrivait à ce sujet au ministre des Cultes le 18 avril 1840 : « J'ai droit d'avoir deux petits séminaires, aux termes de l'ordonnance du 5 octobre 1814, puisque mon diocèse est composé de deux grands départements. J'en ai deux effectivement, et n'en demande pas davantage. Mais Mgr de la Myre, alors évêque du Mans, omit en 1828 de faire approuver de nouveau par ordonnance royale le petit séminaire de Tessé au Mans. »

« Ce petit séminaire existe de fait, mais non de droit. Vos prédécesseurs et MM. les ministres de l'instruction publique ont été pleins de bienveillance pour moi à ce sujet; mais enfin, je voudrais avoir une ordonnance qui m'ôtât toute inquiétude pour l'avenir. M. Teste me l'avait formellement promise de vive voix au commencement de février dernier. J'ose me flatter que Votre Excellence accomplira cette promesse, et je la lui demande avec instance. »

Une ordonnance royale du 15 mai 1840, vint en effet autoriser l'existence d'une seconde école ecclésiastique à Tessé pour le diocèse du Mans, et elle porta de deux cent cinquante à trois cents le nombre d'élèves que les deux maisons pouvaient recevoir.

Malgré cette concession, l'avenir de la maison de Tessé était fort précaire et dépendait presque absolument de la bonne volonté de l'université. « Nous ne possédons Tessé qu'à titre de petit séminaire, disait Mgr Bouvier dans la même circulaire du 21 mai 1842 que nous avons déjà citée, on peut donc d'un jour à l'autre le soumettre aux conditions prescrites en 1828. Déjà on a statué que désormais les élèves qui n'auront pas suivi les cours de rhétorique et de philosophie dans un établissement de l'université, ne pourront se présenter aux examens pour le baccalauréat; cette exclusion nous fera certainement perdre des élèves. »

« On pourra, quand on le voudra, exiger que les élèves âgés de quatorze ans, admis depuis deux ans dans la maison, portent un habit ecclésiastique, conformément à l'article 4 de l'ordonnance du 16 juin 1828. Dans ce cas beaucoup de parents retireraient leurs enfants. »

« Malgré les plus vives instances, nous n'avons pu obtenir pour notre diocèse qu'un nombre de trois cents élèves, dans la répartition des vingt mille fixés par la susdite ordonnance. Deux cent soixante-dix sont actuellement à Précigné; nous n'en pouvons donc avoir strictement que trente à Tessé, et nous n'aurions pas le droit de nous plaindre légalement si l'on nous réduisait à ce nombre. »

Le diocèse n'était pas même en paisible possession du séminaire Saint-Vincent. Animé de rancunes politiques contre le gouvernement de la Restauration, le conseil municipal du Mans réclama, pendant la vacance du siège épiscopal, après la mort de Mgr Carron, contre l'attribution faite au diocèse, par simple ordonnance royale, de l'ancien monastère Saint-Vincent, qui avait été concédé à la ville du Mans en 1810 pour servir de caserne.

Nous avons raconté précédemment les pénibles et longues négociations qui avaient amené la restitution par le gouvernement de l'ancien séminaire de la Mission, puis l'échange de cet établissement contre l'ancienne abbaye de Saint-Vincent. Les deux conseils généraux de la Sarthe et de la Mayenne avaient non seulement connu les demandes de Mgr de Pidoll, mais ils les avaient appuyées auprès des ministres de l'Intérieur et des Affaires ecclésiastiques. Le conseil municipal du Mans avait applaudi à la concession faite au diocèse. Malheureusement on n'avait pas même songé à cette époque à demander un consentement officiel qu'on aurait obtenu sans la moindre difficulté. Le conseil municipal du Mans, dans la délibération duquel nous retrouvons les preuves trop évidentes de l'esprit d'opposition contre l'Eglise qui dominait à cette époque, arguait de ce défaut de formalités légales, et prétendait faire annuler les concessions faites en faveur du diocèse par les ordonnances royales de 1816.

Le Préfet de la Sarthe était favorable aux demandes du conseil municipal du Mans ; et de son côté le conseil général de la Sarthe avait, au sujet de la possession de l'ancien séminaire de la Mission, des prétentions (1) qui, si elles avaient été admises, auraient réduit l'administration diocésaine à rétablir le séminaire diocésain dans l'ancienne maison de Tessé.

Dans des circonstances aussi graves, le ministre des Cultes se montra heureusement parfaitement disposé en faveur du diocèse du Mans. Il comprit qu'il était impossible de rétablir le séminaire diocésain dans les bâtiments de Tessé, beaucoup trop exigus, et d'ailleurs en si mauvais état qu'on aurait dû les reconstruire en entier. Le diocèse et l'Etat lui-même avaient fait des travaux très considérables pour l'appropriation et la restauration du monastère Saint-Vincent : on venait d'y construire une chapelle pour les besoins du séminaire. La ville du Mans ne pouvait rentrer en possession de cette maison sans indemniser les possesseurs actuels. De plus il était reconnu par tout le monde que l'ancien séminaire de la Mission était beaucoup plus convenable pour une caserne de cavalerie que la maison de Saint-Vincent. Enfin les travaux faits à la Mission pour l'installation des casernes seraient perdus si l'on changeait la destination de cette maison.

Nous analysons très brièvement ces négociations qui durèrent près de sept années. Elles se terminèrent par une transaction que suggéra le ministre des Cultes. L'évêché établi dans l'hôtel de Fondville était insuffisant, soit comme habitation, soit comme dépendances extérieures, et trop éloigné de la cathédrale. Les archives placées près des écuries, et dans le voisinage d'établissements particuliers de la rue Dorée fort exposés à l'incendie, pouvaient être brûlées, ce qui aurait été une perte irréparable. On pensait donc depuis longtemps à le remplacer par une autre habitation plus rapprochée de la cathédrale. Le ministre des Cultes offrit de le reconstruire aux frais de l'Etat dans l'emplacement de l'ancien hôtel de Tessé, dont la propriété serait cédée à l'Etat par

(1) Il avait obtenu la Mission pour y établir un dépôt de mendicité, et l'on songeait à rétablir cette institution pour réprimer le vagabondage.

les deux départements de la Mayenne et de la Sarthe, qui en avaient fait l'acquisition en 1810. Pour les dédommager de cette concession, ils pourraient vendre à leur profit l'hôtel de Fondville, qu'ils avaient aussi acheté pour servir de demeure à l'évêque du Mans.

Le conseil général de la Sarthe renoncerait à tous ses droits sur l'ancien séminaire de la Mission qui serait affecté au casernement militaire, au profit de la ville du Mans, et le diocèse resterait paisible possesseur du séminaire Saint-Vincent.

Mgr Bouvier accepta avec une véritable satisfaction le dénouement d'une affaire compliquée de prétentions et d intérêts si opposés. Une ordonnance royale du 21 juillet 1839 autorisa la translation à Tessé du logement des évêques du Mans et la remise aux deux départements de la Sarthe et de la Mayenne de l'ancien hôtel de Fondville (1).

Le nouvel évêché ne devait prendre qu'une partie de l'ancien hôtel de Tessé; le surplus était réservé pour l'école secondaire ecclésiastique. Afin de donner à cet établissement les développements nécessaires, Mgr Bouvier fit l'acquisition de la propriété de la Chaume, joignant immédiatement Tessé, et d'une superficie de plus de trois hectares (2).

(1) Le 11 juin 1841, le ministre des Cultes approuva le projet de construction du nouvel évêché, présenté par M. Delarue, architecte, et dont la dépense totale était estimée à 202,409 francs. Le 30 août suivant il autorisa l'adjudication des travaux faite au sieur Barbier, entrepreneur, et il ouvrit un premier crédit de 10,000 francs. Le collège de Tessé n'ayant été transféré à Château-Gontier qu'au mois d'août 1842, les travaux de construction du nouvel évêché ne purent commencer bien sérieusement qu'à partir de cette époque.

On avait laissé dans l'hôtel de Tessé, quand il fut vendu pour servir de séminaire diocésain, plusieurs portraits de famille ou tableaux intéressant la famille de Tessé-Froulay. Ces tableaux avaient été transportés au séminaire Saint-Vincent, quand la maison de Tessé fut cédée pour servir provisoirement d'ambulance, puis de caserne. En 1838, ils furent réclamés par M. Georges de Chavagnac. L'administration du séminaire s'empressa de les rendre à ce représentant de l'ancienne famille de Tessé-Froulay.

Le séminaire du Mans possède un magnifique tableau de saint François d'Assise, qu'on croit avoir été apporté d'Espagne et être l'œuvre d'un grand maître. Il fut donné au séminaire, grâce aux bons offices de M. l'abbé Fillion, supérieur de Tessé, par une personne habitant la rue Saint-Vincent.

(2) L'acquisition fut faite par Mgr Bouvier qui paya pour principal et accessoires 57,292 francs. L'acte notarié est du 15 septembre 1841. L'école

Il était nécessaire de rebâtir le collège de Tessé, et l'administration diocésaine se proposait de le faire. On dut renoncer à ces projets, qui auraient entraîné le diocèse dans des dépenses très considérables, parce que la loi sur l'enseignement secondaire se faisant toujours attendre, et la liberté d'enseignement devenant de jour en jour moins certaine, le nouveau collège aurait été à la merci de l'Université, dont la mauvaise volonté trop souvent manifestée pouvait le réduire à n'être qu'une annexe du petit séminaire de Précigné. On ne pouvait non plus songer à sacrifier ce dernier établissement pour lequel le diocèse venait de terminer des agrandissements très considérables et très coûteux.

Nous avons raconté précédemment comment l'Université, au moment même de la rentrée du mois d'octobre 1832, avait imposé au collège de Château-Gontier quatre professeurs laïques en remplacement de professeurs ecclésiastiques. Le nouveau supérieur de la maison, M. l'abbé Devaux, avait été obligé de céder devant la mauvaise volonté qui le poursuivait, et il avait été remplacé, comme principal, en octobre 1834, par M. Charles Descars, professeur au collège depuis le 20 novembre 1824. Mais la prospérité de cette maison alla chaque jour en diminuant; et en 1838 le collège avait cent pensionnaires de moins qu'en 1832. En 1841, le nombre des élèves était même inférieur à cent.

Inquiet des charges de plus en plus lourdes qui pesaient sur lui par suite de cet état de choses, Mgr Bouvier, proposa à la ville de Château-Gontier, en 1840, de lui remettre l'administration temporelle du collège, offrant même la cession gratuite du mobilier qui garnissait cette maison et des immeubles achetés par M. Horeau et annexés au collège. La ville était peu disposée à accepter une offre dont elle ne se dissimulait pas les charges; elle essaya même de traiter avec M. l'abbé Descars pour qu'il prît la direction du collège à ses risques et périls, au moyen d'une subvention municipale.

Ces négociations se poursuivaient sans résultat lorsque Mgr Bou-

normale primaire de la Sarthe a été bâtie en 1868 sur une portion de la Chaume. Une autre partie a été vendue à des particuliers : de nombreuses constructions y ont été élevées.

vier, désespérant de conserver au Mans le collège de Tessé qu'il était urgent de rebâtir, songea à transférer cet établissement à Château-Gontier, dont les bâtiments seraient utilisés, et dont le collège serait entièrement réorganisé. Il essaya d'abord, mais en vain, de faire agréer la nouvelle maison comme petit séminaire en remplacement de Tessé qu'on supprimait. L'Université consentit seulement à ce que la nouvelle maison de Château-Gontier devînt un collège de plein exercice, dont tout le personnel, muni des grades universitaires ordinaires, serait ecclésiastique et à la nomination exclusive de l'évêque du Mans.

Dans la circulaire du 21 mai 1842, dont nous avons déjà cité plusieurs extraits, Mgr Bouvier fit connaître cette solution à tout le clergé : « Nous souhaitions vivement, dit-il, qu'une institution libre de plein exercice fût établie à Château-Gontier ; il a été impossible de l'obtenir. »

« Mais on nous a accordé qu'à partir de la rentrée prochaine, le personnel soit entièrement composé d'ecclésiastiques qui auront notre confiance et mériteront celle des parents. M. Descars, chanoine honoraire de notre cathédrale, prêtre capable, pieux, excellent, qui a toujours été dans l'enseignement, continuera d'être principal : il aura pour collaborateurs des prêtres choisis dans le clergé du diocèse et spécialement parmi les employés de Tessé (1). Nous regrettons les talents et les autres qualités distinguées de M. Bercy : on comprendra que nous ne pouvions le faire substituer à M. Descars, ni demander qu'il occupât dans le collège une place subalterne, après qu'il avait gouverné la maison de Tessé comme supérieur (2). »

(1) Voici quel était le personnel du collège de Tessé en 1842 :
M. Bercy, supérieur.
M. Férlau, économe.
Professeurs : MM. Bagot, Barthement, Châtenay, Deschamps, Deslais, Després, Deustch, Foucher, Grassin, Logeais, Loison, Mahérault et Renard.
MM. Deustch, Barthement, Deslais, Logeais et Grassin passèrent à Château-Gontier.

(2) M. Bercy quitta le Mans pour aller à Paris. En 1844, il était vicaire à Saint-Roch. L'année suivante, il fut mis à la tête du petit séminaire de Paris, section de Gentilly, et en 1846, il devint supérieur de la maison de Notre-Dame-

« Le pensionnat de Château-Gontier sera entièrement renouvelé sur les principes qui ont servi de base à celui de Tessé. »

On se montra en effet très sévère pour l'admission des nouveaux pensionnaires : ceux de Tessé y furent tous admis ; mais on n'en accepta que quelques-uns de l'ancien collège de Château-Gontier. On n'oublia rien pour que l'esprit de la nouvelle maison fût excellent et que les familles n'eussent rien à désirer au point de vue de l'instruction et de l'éducation vraiment religieuse, et même sous le rapport matériel. Malheureusement pendant plusieurs années les élèves furent trop peu nombreux, et le diocèse du Mans supporta des charges très lourdes pour conserver aux familles chrétiennes une des rares maisons d'éducation où, à cette époque, elles pouvaient mettre leurs enfants en toute sécurité.

L'Université ne pouvait voir ces maisons d'un œil favorable, et elle ne laissait pas de créer des embarras pour l'administration du collège de Château-Gontier. Le règlement universitaire y était obligatoire, et l'époque des vacances était fixée par le recteur, qui avait le droit de soumettre à son approbation préalable le discours prononcé à la distribution des prix. On avait cru devoir supprimer les vacances de carnaval et de Pâques et reporter aux vacances générales les quelques jours enlevés aux élèves. M. Descars l'ayant fait une première année, sans autorisation, reçut un *blâme* officiel du conseil académique, avec menace de suspension et de révocation s'il tombait dans une faute pareille. Une autre année, Mgr Bouvier ne put obtenir un délai de quelques jours pour venir présider la distribution des prix au collège de Château-Gontier, se trouvant empêché de le faire au jour fixé par l'Université. Ces exemples montrent l'esprit méticuleux et tracassier, sinon de l'Université, au moins de ceux qui la représentaient. La liberté d'enseignement accordée en 1850 vint mettre un terme à des exigences trop souvent

des-Champs, aussi petit séminaire diocésain. Sa santé ne lui permit pas de rester longtemps à la tête de cette maison ; Mgr Affre le nomma chanoine titulaire de la Métropole. M. Bercy est mort le 23 juillet 1848 à Boissy-sur-Damville (Eure), dans sa 38e année. Il était aussi chanoine honoraire de Chartres.

vexatoires. Le collège de Château-Gontier cessa de dépendre de l'Université et devint une institution libre de plein exercice.

Malheureusement, pendant plusieurs années encore, un nombre d'élèves toujours insuffisant obligea l'administration diocésaine à des sacrifices très onéreux pour soutenir cette maison d'éducation. La ville de Château-Gontier désirait la conservation de son collège, mais se montrait peu disposée à faire des sacrifices pour venir en aide à l'administration diocésaine. Cet état de choses ne pouvait se prolonger; et malgré tout l'attachement qu'il avait pour une maison où il avait commencé à professer, Mgr Bouvier se résignait à abandonner, au moins en partie, en n'en conservant que les classes inférieures, cette maison qui constituait une charge énorme pour le diocèse. Des résolutions avaient été prises à cet égard en 1853. La divine Providence épargna au vénérable prélat une décision qui lui eût été très pénible. La ville de Château-Gontier se décida à voter la subvention demandée par l'administration diocésaine. Le nombre des élèves s'accrut sensiblement cette même année 1853; et aux vacances suivantes, en 1854, tous les professeurs du collège, accomplissant avec joie le vœu qu'ils avaient fait, se rendirent en pèlerinage à Chartres pour remercier la sainte Vierge de la protection qu'elle avait daigné accorder à leur maison. Château-Gontier continua de prospérer; et le nouveau diocèse de Laval profita des sacrifices faits par l'administration de Mgr Bouvier, pour la conservation de cette maison d'éducation si recommandable.

CHAPITRE XVI

Dons et legs en faveur du séminaire de 1830 à 1849.

Les craintes causées par la révolution de 1830 amenèrent une cessation presque complète de libéralités au profit du séminaire diocésain. Le souvenir des spoliations, dont la première révolution s'était rendue coupable à l'égard des établissements religieux, était encore récent : quelle confiance pouvait-on avoir dans l'avenir ? Le gouvernement de Louis-Philippe était fort mal disposé ; et l'une des premières mesures qu'il prit fut de promulguer l'ordonnance du 14 janvier 1831, mettant des entraves aux libéralités faites au profit d'établissements religieux, et proscrivant, spécialement dans l'article 4, toute réserve d'usufruit au profit des donateurs. Pendant la fin de l'année 1830, et dans les deux années suivantes 1831, 1832, nous ne trouvons ni ordonnance royale ni arrêté préfectoral autorisant quelque don ou legs au profit du séminaire. Le 12 mai 1833, une ordonnance royale autorisa cet établissement à accepter un legs de 3,000 francs fait par Mlle Renée Vérité de Sablé pour aider ses parents les moins aisés à faire leurs études ecclésiastiques. Son testament était daté du 27 février 1821 ; presque tous les autres legs, autorisés dans les premières années du gouvernement de Juillet, offrent cette même particularité que les testaments sont de date antérieure à la révolution de 1830.

Nous devons cependant signaler une exception. Par acte du 21 août 1830, dame Perrine Juhel, épouse de M. Julien Epron, lègue au séminaire une rente de 300 francs à la charge de deux messes par semaine à perpétuité. Une ordonnance du 11 août 1834 en autorisa l'acceptation; et le 27 décembre 1839, cette rente servie par le bureau de bienfaisance de Juvigné (Mayenne) fut remboursée, et le capital placé sur l'Etat.

En 1835, nous trouvons un assez grand nombre d'ordonnances royales approuvant des dons ou des legs faits au profit du séminaire du Mans. Le 11 janvier fut autorisé le legs d'un capital de 2,000 fr. fait par Mme Julie de Vauquelin, veuve de M. Alexandre-François de Lonlay, marquis de Villepail, demeurant au château de Mondragon, à la Bosse; et le même jour le séminaire reçut une rente annuelle et perpétuelle de 200 francs fondée par Jeanne Goubault, ancienne religieuse à Daon, pour la fondation d'une bourse en faveur de ses parents; ou du moins, à leur défaut, pour des jeunes gens de la paroisse de Daon. Cette rente fut remboursée en 1844, et le capital placé sur l'Etat ne produisit plus que 169 francs de rente.

Le 6 juillet 1835, M. Philippe Morin-Blottais, propriétaire à Laval, fonda une rente de 300 francs, remboursable au capital de 8,000 fr. pour une bourse en faveur d'élèves de la famille Sébastien de la Porte ou de celle de dame Louise Ouvrard son épouse. Dans le cas où il n'y aurait pas de vocation ecclésiastique dans ces familles, le choix du titulaire de la bourse devait appartenir aux curés de Saint-Vénérand et de Lhuisserie. Cette donation fut acceptée en vertu de l'ordonnance royale du 13 décembre 1835.

Par un double testament du 4 février 1821 et du 14 juillet 1829, M. Bouleau (1), curé de Bouère (Mayenne), avait légué au bureau de bienfaisance de Bouère la closerie de la Colizière à la charge de servir au séminaire du Mans une rente de 50 francs. Ce legs fut autorisé par ordonnance royale du 5 juin 1835. Deux jours après une autre ordonnance autorisait le séminaire à accepter le legs de

(1) Bouleau François-Jacques, né en 1778, avait été condisciple, au séminaire d'Angers, de Mgr Bouvier avec lequel il resta toujours très intimement lié.

la closerie de la Basse-Porte, située commune de Saint-Brice (Mayenne), legs fait par Mme Jeanne-Renée-Anne Lebreton, veuve de Jean-Jacques Pioger, de Sablé.

Dans un testament du 2 décembre 1831, Mme Marie-Jeanne-Louise Gillet, veuve de M. Jean Siccard, légua au séminaire un capital de 1,000 fr. dont l'acceptation fut autorisée par ordonnance royale du 25 août 1835. Le 21 octobre de la même année, une autre ordonnance royale autorisait l'acceptation d'une rente perpétuelle de 400 francs fondée à charge de services religieux par Mme Marie Aubin de la Messuzières, veuve de M. Pierre Boullier, demeurant à Ernée.

Le 13 février 1836, fut autorisé le legs d'une somme de 600 francs fait à titre gratuit par M. Lédin ; et le 17 août suivant une ordonnance royale autorisa le legs de 3,000 francs fait à charge de services religieux, par M. Hourdel, ancien notaire au Mans, qui pendant longtemps avait fait les affaires du séminaire.

En 1806, M. Lemoine de Vivoin avait fait un legs de 3,000 fr. au profit du séminaire du Mans et de la fabrique de l'église de Vivoin. Nous ignorons pour quelle cause cette libéralité ne fut autorisée que par ordonnance royale du 12 avril 1837. Le même jour une autre ordonnance autorisait le séminaire à acquérir sur l'Etat une rente de 300 francs au moyen de capitaux donnés par des personnes désirant rester inconnues. Nous avons des raisons de croire que cette libéralité fut faite par M. et Mme Dubois-Beauregard de Laval, liés depuis longtemps d'une étroite amitié avec Mgr Bouvier, évêque du Mans.

En 1838, nous trouvons plusieurs libéralités au profit du séminaire. Le 16 mars, une ordonnance royale approuva le legs fait par M. François Huet, curé de Sceaux, du tiers de ses valeurs mobilières qui produisit une somme de 600 francs. Le 17 février précédent le séminaire avait accepté la fondation d'une rente annuelle de 150 francs, fondée par Mlle Marie-Anne Hardy, accomplissant en cela les volontés de M. Letroye (1), son oncle, décédé

(1) M. Letroye, Jean-Baptiste-Michel, né le 20 octobre 1765, curé de Bourgon depuis le Concordat jusqu'au 18 mars 1824, date de sa mort.

curé de Bourgon. Enfin le 6 juillet 1838, le gouvernement autorisait l'acceptation d'un capital de 4,400 francs, fourni par quelques personnes d'Evron, qui restent inconnues, pour la fondation à perpétuité de cent messes par an.

Nous avons raconté précédemment comment M. Pottier, curé d'Ecorpain s'était engagé à servir une rente viagère de 150 francs, demandée par M. Dupuy, curé d'Evaillé, comme condition de la donation de la ferme de la Tartellerie ; et comment plus tard il avait fondé au profit du séminaire une rente annuelle et perpétuelle de 500 francs. Cette rente ne fut pas régulièrement acceptée. Après l'avoir servie pendant quelques années, les débiteurs de la rente en contestèrent la légitimité, et le séminaire succomba dans une instance judiciaire qu'il soutint pour faire reconnaître ses droits. Mlle Marguerite Veillé, légataire universelle de M. Pottier, assura la jouissance de cette rente par une nouvelle donation qu'elle en fit au séminaire, laquelle fut autorisée et cette fois régulièrement acceptée.

Par suite des exigences du gouvernement impérial, le diocèse du Mans avait dû abandonner en 1812 la maison de Saint-Saturnin, laquelle avait dès lors été affectée au logement du curé de cette paroisse. Dès l'année 1835, un arrangement intervint entre les représentants de Mlle Renard-la-Brainière qui avait fait la libéralité au profit du diocèse du Mans, et la commune et la fabrique de Saint-Saturnin. Une ordonnance du 8 décembre 1840 approuva ces arrangements. Elle portait : « Est autorisée, pour être approuvée dans toutes ses clauses et conditions, la transaction consentie par acte sous signatures privées, du 20 avril 1835, entre la commune et la fabrique de Saint-Saturnin, d'une part, et les sieur et dame d'Argy, héritiers de la Dlle Renard-la-Brainière, d'autre part, au sujet de la propriété de l'église et du presbytère de la dite commune. »

Par un arrêté de M. le Préfet de la Sarthe, du 3 novembre 1841, le séminaire du Mans fut autorisé à accepter le legs d'une rente annuelle de 12 francs, fondée par Mme Louise Leroux, veuve de M. Mathurin Bouchigné.

Suivant son testament du 11 avril 1836, M. Joseph-Auguste-Emmanuel Rottier de Moncé, prêtre, chanoine honoraire de la cathédrale, légua au séminaire une rente annuelle de 150 francs, en exprimant le désir que cette somme fût employée chaque année à donner des prix aux séminaristes qui se seraient le plus distingués par leur application et par leurs succès dans les études théologiques. Cette libéralité fut autorisée par ordonnance royale du 19 avril 1846.

Le 6 janvier 1849, Mme Callixte Faisant-Dubourg-Lamotte, veuve de M. François-Paul Fournier, de Bazougers, voulant remplir les intentions de M. Joseph-Marie Faisant-Dubourg-Lamotte, son frère, décédé curé de Saint-Vénérand de Laval, fit donation au séminaire d'une rente de 344 francs sur l'Etat pour la fondation d'une bourse à la présentation du curé et des fabriciens de l'église de Saint-Vénérand de Laval. Un décret du 19 novembre 1849 autorisa l'acceptation de cette libéralité.

Les étudiants ecclésiastiques de la même paroisse Saint-Vénérand jouissaient d'une autre fondation. En 1744, une demoiselle Lévêque, de Laval, avait institué l'hôpital des Petites-Maisons à Paris son légataire universel, à la charge de servir deux bourses au profit des descendants de ses père et mère, ou à leur défaut au profit des enfants de la ville de Laval. Après plusieurs années d'interruption dans le service de cette rente, elle fut rétablie en 1819; mais elle n'était plus que de 613 francs, soit 306 francs 50 centimes pour chaque bourse.

Le 16 septembre 1825, M. Lévêque-Berangerie, un des héritiers, écrivit à Mgr de la Myre pour l'informer qu'aucun autre membre de la famille n'étant en position de jouir de la rente fondée par Mlle Lévêque, les bourses pourraient désormais être appliquées à des jeunes gens de la paroisse Saint-Vénérand, se destinant à l'état ecclésiastique, et arrivés en rhétorique ou en philosophie.

Les titulaires de cette bourse Lévêque, présentés par l'administration diocésaine et justifiant de leur naissance dans la paroisse de Saint-Vénérand, reçurent chaque année de la Préfecture de la Seine le montant de la rente qui leur était due, depuis le mois de mars 1826 jusqu'à la séparation du diocèse de Laval. Elle est servie maintenant à des élèves du séminaire de Laval.

CHAPITRE XVII

Construction de l'aile neuve et des parloirs. — Restauration de la voûte du réfectoire.

Nous avons parlé précédemment de quelques travaux faits au séminaire, soit par l'État, soit par l'administration diocésaine. L'État n'accordait chaque année que 2,000 ou 3,000 francs pour l'entretien de ces vastes bâtiments, et le séminaire était obligé de suppléer à cette ressource si insuffisante.

M. Delarue, comme architecte diocésain, était chargé de la direction des travaux du séminaire. En 1841, il obtint un crédit de 5,400 francs pour consolider la voûte du réfectoire qui avait souffert de la suppression des cloîtres de la cour du Nord. En 1847, il sollicita un nouveau crédit de 7,400 pour décharger cette même voûte, en faisant disparaître les cloisons trop pesantes des cellules dans les deux étages au-dessus du réfectoire.

Le ministre des Cultes s'étonna de cette double demande de crédits, à des époques si rapprochées et pour un objet qui semblait identique. M. Delarue s'empressa de fournir des explications au comité des bâtiments civils à Paris. Il ressortait de son rapport : « Que les « étages situés au-dessus du réfectoire n'offraient autrefois que de « vastes salles, qui postérieurement ont été distribuées en cellules « pour y établir le séminaire ; que la pesanteur des cloisons a « déterminé dans les planchers un affaissement de 16 à 20 centi-

« mètres ; que cinq poutres se sont rompues, et que les autres « plombaient de manière à faire craindre quelques graves acci- « dents. »

« C'est, ajoutait-il, après avoir reconnu cet état de choses, que « neuf poutres du plancher furent remplacées ; que les nouvelles « furent chaînées et armées d'ancres à leurs extrémités pour « s'opposer à l'écartement des voûtes. Tel fut l'emploi du crédit « alloué en 1841. »

M. Delarue proposait donc d'établir des piliers dans le réfectoire, pour soutenir la voûte ; et, au-dessus, la construction de nouvelles cloisons qui ne pèseraient plus aussi lourdement sur cette voûte. Par mesure de précaution, il fit mettre des étais en bois dans le réfectoire pour empêcher le mal de s'aggraver et pour prévenir tout accident.

D'autres travaux très importants étaient, à la même époque, projetés au séminaire et vivement désirés par l'administration diocésaine.

Par suite de la démolition d'une partie notable des anciens bâtiments de service du monastère Saint-Vincent pour la construction de la nouvelle chapelle, le séminaire ne possédait ni parloirs (1) ni logement convenable pour le portier. La surveillance des personnes qui entraient au séminaire ou qui en sortaient était le plus souvent presque impossible ; et dans les mauvais temps ni les séminaristes, ni même les directeurs, ne pouvaient recevoir dans un appartement convenable ceux qui venaient leur faire visite.

M. Delarue fut chargé de présenter un projet de parloirs. Il conservait, sous la forme d'une belle terrasse, la cour actuelle du couchant, mais en y pratiquant une tranchée qui permettrait aux voitures d'apporter toutes les provisions à l'entrée des caves. Les bâtiments nouveaux devaient être en rapport pour le style avec les constructions faites par les Bénédictins au siècle dernier.

Un autre projet était étudié dans le même temps. Malgré ses vastes proportions, le séminaire Saint-Vincent était insuffisant : les élèves

(1) La salle actuelle des conférences servait de parloir à l'ancienne communauté des Bénédictins de Saint-Vincent.

se trouvaient réunis presque toujours deux par cellules, quelquefois même dans des chambres qu'on ne pouvait chauffer pendant l'hiver. Depuis la réunion des philosophes de Tessé, on sentait l'inconvénient du mélange trop prompt des jeunes gens sortant du monde, et dont la vocation était encore indécise, avec les séminaristes plus avancés dans leurs études (1). L'on désirait donc pouvoir établir une séparation entre ces deux classes de séminaristes, tout en les maintenant dans le même établissement. L'administration diocésaine demandait, pour répondre à ce double besoin, l'agrandissement du séminaire en faisant terminer l'aile orientale que les Bénédictins avaient laissée incomplète. Peut-être même avait-on un autre but en sollicitant cet agrandissement? Plusieurs personnes influentes de la Mayenne demandaient avec instance l'érection d'un siège épiscopal à Laval. En obtenant que l'État fit une dépense aussi considérable pour le séminaire du Mans, l'on espérait qu'il accueillerait moins facilement la demande d'un nouveau siège épiscopal, dont la première conséquence serait la nécessité de la construction d'un séminaire diocésain pour la Mayenne (2).

Quoi qu'il en soit, M. Delarue prépara les plans et devis de la construction projetée d'une aile au séminaire Saint-Vincent, et l'administration diocésaine fit des instances auprès du ministère des Cultes pour obtenir l'approbation de ce projet et une ouverture de crédits.

Les événements politiques de 1848 empêchèrent de donner suite à ces divers projets. Au commencement de l'année 1849, le service des architectes diocésains fut complètement modifié et M. Lassus remplaça au Mans M. Delarue. Ce changement ne fut accepté qu'avec

(1) « Il importe, pour le bon choix et la bonne direction des élèves, qu'il y « ait pour eux entre le petit et le grand séminaire, une maison intermédiaire, « où ils soient l'objet de soins exclusifs, où l'on puisse mieux les connaître « afin de ne pas les exposer à commencer inutilement leurs études théolo- « giques, s'ils ne sont pas propres à l'état ecclésiastique. » *Mémoire contre la demande d'érection d'un évêché à Laval*, p. 20.

Cette séparation longtemps désirée par M. Bruneau, supérieur du séminaire, existe maintenant à Saint-Vincent.

(2) La construction commença au moment même où la controverse au sujet de l'érection d'un nouveau siège à Laval était le plus vivement agitée.

peine par Mgr Bouvier qui avait su apprécier l'intelligence et le dévouement de M. Delarue (1). Cependant nous devons dire que le séminaire n'eut qu'à se féliciter du choix du nouvel architecte. Par son influence personnelle, et par la juste considération dont il jouissait à Paris, soit au ministère des Cultes, soit auprès des membres du comité des bâtiments civils, M. Lassus put faire approuver les projets présentés par le séminaire, et obtenir qu'on en commençât l'exécution plus promptement qu'on aurait pu l'espérer.

Le 24 septembre 1849, il obtint un crédit de 22,665 francs pour la réfection des enduits sur la façade du séminaire, la réparation des couvertures et l'établissement de chenaux au bas des combles, le remplacement de douze fenêtres complètement usées, et enfin la construction du pavillon, avec pompe et réservoir, dans la cour du Midi, dont nous avons déjà parlé.

Le 10 mai de la même année, le ministre des Cultes avait alloué un crédit de 9,524 francs pour la consolidation de la voûte du réfectoire. Mais un nouvel examen des travaux à faire fit juger ce crédit tout à fait insuffisant. M. Lassus regardait la chute de la voûte comme imminente : il proposait donc de la refaire, mais en établissant des piliers au milieu du réfectoire. Le ministre approuva ce projet, en demandant toutefois la conservation des deux retombées de l'ancienne voûte et le raccord de la partie du milieu reposant sur les piliers du centre, de telle sorte qu'on formât des voûtes elliptiques au lieu de les faire en plein cintre. Les parties de la voûte conservées pouvaient être maintenues par des étais pendant la construction.

Ce travail si considérable devait être très gênant pour le séminaire : Mgr Bouvier sollicitait donc instamment qu'on le fît en un seul exercice. Au moment où l'on allait en commencer l'exécution, l'on se décida à le retarder de quelques années.

Au mois de janvier 1850, sur les instances de Mgr Bouvier et d'après les démarches réitérées faites en son nom par M. le chanoine

(1) Voir dans l'*Essai sur les travaux faits à la cathédrale au XIXe siècle*, p. 33, ce que nous avons dit au sujet du remplacement de M. l'architecte Delarue.

Dubois, le ministre des Cultes avait donné à l'architecte diocésain l'ordre de préparer les plans de construction d'une aile au séminaire, et le 10 mai 1850 ces plans avaient été approuvés. Il parut donc plus convenable d'attendre que cette aile nouvelle fût achevée et donnât moyen de loger les séminaristes pendant qu'on démolirait les nombreuses cellules des trois étages au-dessus du réfectoire.

Les travaux de l'aile nouvelle furent mis en adjudication au mois de juillet; et le bâtiment, commencé au mois de septembre 1850, s'éleva heureusement dans le cours des années 1851, 1852 et 1853. Le 29 janvier 1853 un crédit de 6,300 fut ouvert par l'État pour relier l'aile nouvelle aux anciennes constructions; et le 4 février on accorda 5,000 francs pour la fourniture de 48 cheminées de marbre à poser dans le nouveau bâtiment. La dépense totale de cette construction fut réglée à 158,479 francs le 29 janvier 1855, et le ministre des Cultes accorda le même jour un crédit de 18,860 francs pour solde de ces travaux.

Nous retrouvons dans le journal le *Maine* du 6 juillet 1853 le procès-verbal de la bénédiction du nouveau bâtiment du séminaire : nous croyons devoir en citer quelques extraits, à cause des renseignements historiques qui y sont contenus.

JEAN-BAPTISTE BOUVIER, *par la miséricorde de Dieu et la grâce du Saint-Siège, évêque du Mans,*

« Attestons et faisons foi que ce samedi, deuxième jour de juillet de l'an de grâce mil huit cent cinquante-trois, fête de la Visitation de la très sainte Vierge, nous avons procédé solennellement à la bénédiction du nouveau bâtiment construit en aile pour compléter notre grand séminaire.

« Commencé au mois de septembre 1850, ce bâtiment s'est élevé heureusement dans le cours des années 1851, 1852 et 1853 sous l'habile direction de M. Lassus, de Paris, architecte des édifices diocésains, avec la surveillance et le concours d'abord de M. Eugène Leboucher, puis de M. Alfred Tessier, architectes au Mans, ses représentants et inspecteurs.

« M. Eugène Leboucher, après avoir travaillé à dresser les plans et présidé les premières opérations, était mort, au moment où l'édifice allait sortir de ses fondements, le mardi de Pâques, 24 avril 1851, à peine âgé de 24 ans, emportant des regrets unanimes justifiés par ses talents et ses vertus.

« Le gouvernement a fourni généreusement les fonds nécessaires pour ce grand travail, sur nos instances, et d'après les démarches réitérées faites en notre nom par M. Dubois, chanoine de notre cathédrale, l'un de nos vicaires généraux, lequel obtint le 22 janvier 1850, fête de saint Vincent, patron du séminaire, qu'ordre de préparer les plans fût donné à l'architecte, et le 1er mai suivant, que ces plans fussent approuvés. L'approbation officielle porte la date 10 mai.

« Nous devons également signaler le zèle persévérant de M. Martin Bruneau, l'un de nos vicaires généraux, supérieur du séminaire, pour promouvoir et presser l'exécution de cette importante entreprise.

« Le dit bâtiment étant enfin achevé, nous avons voulu le bénir le jour de la fête de la Visitation, dans un sentiment de reconnaissance envers la très sainte Vierge, mère de Dieu, et de confiance en sa protection, sentiment que nous désirons voir partager et même croître de plus en plus dans cette maison qui nous est si chère. »

La cérémonie se fit le 2 juillet, à six heures, à la suite de l'exercice annuel des thèses. Mgr Bouvier bénit seulement les salles du rez-de-chaussée : les jeunes prêtres de la dernière ordination (du 21 mai), après avoir reçu la bénédiction de Monseigneur l'évêque, montèrent aux étages supérieurs et bénirent les cellules, associés ainsi à cette touchante cérémonie de l'inauguration des nouveaux bâtiments (1).

(1) Voici quelques extraits du discours latin prononcé à cette occasion par M. Bruneau :

« Illustrissime ac Reverendissime præsul,

« En perfectum est opus illud quo seminario tuo coronam imposueris, cui per quadraginta jam annos consiliis animoque tuo, ducis ac rectoris sollicitudine, mente et amantissimo patrocinio præfuisti ! Erit igitur id in laudibus tuis, quas usque nuntiabit inclyta Cenomanensis Ecclesia... Memores erunt

En cette même année 1853, on eut quelque velléité de transporter au séminaire la chapelle de la Visitation, place des Halles. L'on se proposait de démolir ce monument avec les plus grandes précautions, et de le reconstruire au séminaire dans la cour du nord, sur l'emplacement de l'ancienne chapelle. Le département de la Sarthe, ni la ville du Mans ne consentaient alors à accepter la propriété de cette chapelle, et par conséquent ne voulaient point se charger des réparations absolument nécessaires. Ces contestations finirent; et la ville du Mans, acceptant la chapelle de la Visitation comme annexe de l'église de Saint-Benoît, y fit faire des réparations qui conservèrent ce monument dans l'emplacement sur lequel il avait été bâti.

Quand le nouveau bâtiment fut terminé, l'on s'occupa sérieusement de la restauration de la voûte du réfectoire. On enleva tout d'abord l'énorme masse de terre et de débris qui la chargeait et l'on démolit les cloisons des cellules du premier étage Ce fut avec autant d'étonnement que de satisfaction qu'on constata à ce moment qu'elle se relevait d'elle-même, et de telle façon que les étais qui la soutenaient depuis quelques années se trouvèrent inutiles. On put donc, avec quelques réparations peu importantes, conserver la magnifique voûte du réfectoire, d'une construction si hardie et si élégante.

Le reste des travaux projetés s'exécuta suivant les propositions de l'architecte. Les poutres en bois furent remplacées à tous les étages par des poutres en fer; les planchers en terre cuite, par des parquets

ipsi posteri, quibus novum illud perenne monumentum relinquis : nobis tantum beneficium, optime Pater, affectus tui pignus erit perpetuum. »

« Ingrati animi, quod absit, nos argueret illa dies, qua tot fructus prægustare datur, si quorum ope talibus incrementis aucti fuerimus, meminisse non videntur. Adest, et pari ac nos hodie lætitia afficitur, insignis inter cœteros hujus consilii promotor, cui Deus, ut omnia succederent et gratiam contulit et dexteritatem : Hunc vero suum erga res nostras propensissimum studium ita accendit, ut nullis itinerum incommodis, nulla hyemis inclementia, nulla unquam negotiorum atque hominum tractandorum molestia retardatus fuerit : Hunc semper in votis, semper in memoriis nobis bona facientium nuncupabimus. »

« Sunt et alii quorum nomina pectore nostro non labentur... »

en chêne; des cloisons plus légères furent établies, et dans chaque cellule on ménagea une cheminée. Ce travail important ne fut terminé que quelques années après; et l'administration du séminaire dut même prendre à sa charge de faire terminer les cellules du troisième étage pour y loger les séminaristes devenus plus nombreux. L'épuisement des crédits alloués avait empêché l'architecte de terminer cette dernière partie de son travail.

La magnifique bibliothèque du séminaire, composée pour la majeure partie des anciens fonds des bibliothèques des communautés religieuses, entassés à la Préfecture au moment de la révolution, et dont on avait bien voulu détacher des doubles après la part faite à la bibliothèque de la ville du Mans, avait été placée dans les combles de l'aile occidentale de l'ancien monastère de Saint-Vincent. Cette bibliothèque s'était accrue de plusieurs livres légués par des ecclésiastiques ou achetés à diverses reprises. Le poids en était considérable et avait produit un affaissement qui faisait craindre pour toute cette partie du bâtiment. M. Lassus décida qu'on installerait la bibliothèque au rez-de-chaussée; et l'on choisit pour son emplacement les salles servant pour le cabinet des sciences naturelles et pour la classe de philosophie. Le gouvernement alloua un crédit de 5,905 francs pour ce changement de la bibliothèque. L'emplacement choisi fut insuffisant, l'on y ajouta une salle à la suite de celle des Piliers, où l'administration du séminaire fit installer un très beau corps de bibliothèque, en consacrant à cette dépense des fonds remis à la disposition de M. l'abbé Bruneau, supérieur du séminaire.

Nous avons parlé des projets de parloirs dressés par M. Delarue et restés sans exécution. Apres de nombreuses études, M. Boësvilwald, architecte diocésain, présenta un projet dont la dépense était estimée devoir s'élever à 32,071 francs et qui fut approuvé par l'État le 17 mai 1866. Les travaux furent exécutés pendant les quatre années de 1866 à 1869 et la dépense à la charge de l'État s'éleva en réalité à 38,673 francs. Le séminaire fut obligé de contribuer en outre po r une part assez notable à l'aménagement intérieur de ces parloirs et de la demeure du portier qui satisfont à un besoin depuis longtemps reconnu pour le bon ordre intérieur du séminaire.

CHAPITRE XVIII

Mutations dans le personnel des Directeurs. — Les Prêtres auxiliaires au séminaire.

Nous avons dû suivre, pour n'y plus revenir, l'ensemble des travaux importants faits par l'État pour l'agrandissement ou la restauration du séminaire de 1849 à 1870. Dans cet intervalle de temps, et même un peu avant, avaient eu lieu des événements intéressant cette maison que nous ne pouvons passer sous silence.

Pendant l'année 1835, M. l'abbé Moreau, sous-supérieur du séminaire et professeur d'Écriture sainte, était chargé en même temps de la supériorité des Frères fondés à Ruillé-sur-Loir par M. Dujarrié, et de la direction de la communauté du Bon-Pasteur au Mans, à la fondation de laquelle il avait contribué. De plus il avait jeté les fondements de la congrégation des Prêtres auxiliaires, auxquels étaient venus se joindre plusieurs séminaristes distingués par leurs talents et leur piété, et qui préludaient au séminaire à la vie religieuse qu'ils désiraient embrasser sous la direction de M. l'abbé Moreau (1). Il était impossible qu'à la tête d'œuvres si

(1) Dans l'*Ordo* de 1836, publié le 15 décembre 1835, nous trouvons MM. Cottereau et Hupier, prêtres auxiliaires, établis à la suite des directeurs du séminaire ; et dans l'*Ordo* de 1837, nous retrouvons à la même place comme

importantes, M. Moreau pût continuer de rester sous-supérieur et professeur au séminaire. Dans le courant de l'année 1836, il quitta cette maison, et il établit sa nouvelle communauté dans la propriété que M. l'abbé Delisle (1) lui avait donnée à N.-D. de Sainte-Croix. Il y réunit le noviciat des frères de Ruillé-sur-Loir. L'administration diocésaine, reconnaissant toute l'utilité que le diocèse pouvait retirer de la nouvelle congrégation des Prêtres auxiliaires destinés principalement à venir en aide au clergé des paroisses, en donnant des retraites et des missions, contribua pour 4,000 fr. à leurs frais de premier établissement, et elle s'engagea à leur servir une rente annuelle de 2,000 francs, à la condition que le P. Moreau aurait toujours quatre missionnaires à la disposition de l'évêque du Mans.

En 1840, M. Heurtebize, supérieur du séminaire et chanoine titulaire, donna sa démission de supérieur à la suite de difficultés survenues entre Mgr Bouvier et plusieurs chanoines pour l'organisation canonique du chapitre du Mans. Il fut remplacé par M. l'abbé Chevereau, sous-supérieur du séminaire, lequel ne resta que quelques années à la tête de cette maison (2).

prêtres auxiliaires, MM. Moreau, Dujarrié, Cottereau, Hupier, Hiron et de Marseul. M. Auguste Nourry, prêtre auxiliaire, mourut au séminaire le 4 juin 1836.

L'*Ordo* de 1836 note que la communauté des prêtres auxiliaires a déjà 10 membres.

(1) M. Robert-Henri-Marie Jobbé-Delisle, né le 12 mars 1758, prêtre habitué à N.-D. de la Couture, fut le premier chanoine honoraire nommé par Mgr Bouvier (2 avril 1834). Il décéda le 31 mai 1838.

(2) Tout en reconnaissant que Mgr Bouvier ne pouvait faire un meilleur choix pour remplacer M. Heurtebize à la tête du séminaire diocésain, les élèves du grand cours de théologie regrettèrent vivement d'être privés des leçons d'un professeur que peu d'autres ont, sinon égalé, du moins surpassé pour l'intérêt qu'il savait donner aux questions les plus relevées de la théologie dogmatique. Mais M. Chevereau ne voulait pas que l'âme trop absorbée par les investigations de la science s'y livrât tout entière; et qu'avec beaucoup de connaissances théologiques, avec un grand attrait pour cette étude, la plus noble de toutes, les élèves s'habituassent à demeurer comme insensibles en présence des vérités les plus capables d'exciter et de développer le sentiment de la piété. Il désirait qu'en même temps que l'intelligence grandissait, le cœur se sentît plus embrasé de l'amour des choses célestes. Pour cela il recommandait, entre autres ouvrages ascétiques, la *Théologie affective* ou *Saint Thomas en méditation*, par *Louis Bail*, dont il publia une nouvelle édition en 1845. — Voir l'*Avertissement* sur cette nouvelle édition pages VII et XIV.

M. Lambron, vicaire général, mourut le 6 août 1842 âgé seulement de 48 ans (1). M. Bourmault, premier vicaire général, fut obligé à la même époque de se retirer par suite de ses infirmités. Mgr Bouvier se décida à les remplacer par M. Chevereau, supérieur du séminaire et par M. Vincent (2), qui, après avoir professé la philosophie et la théologie à Tessé et au séminaire Saint-Vincent, remplissait alors les fonctions de secrétaire particulier auprès du vénérable prélat. Une ordonnance royale du 30 septembre 1842 approuva la nomination des nouveaux vicaires généraux.

Au mois d'octobre 1844, M. Bouvier (3) précédemment sous-supérieur et professeur de dogme fut nommé supérieur du séminaire en remplacement de M. l'abbé Chevereau. Mais la mauvaise santé du nouveau supérieur le força, dans le courant de l'année 1845, de se retirer dans sa famille à Meslay ; et l'on dut pourvoir à son remplacement. M. l'abbé Bruneau, qui depuis quelques années seulement était chargé du cours de théologie morale, fut nommé supérieur et installé le 24 juin 1845, fête de saint Jean-Baptiste,

(1) M. Lambron Hyacinthe-Urbain-François, était né à Carelles le 21 janvier 1794. Il avait été vicaire à Ernée et spécialement chargé de la communauté des hospitalières de Saint-Joseph. Curé d'Ernée le 6 novembre 1819, il fut nommé vicaire général le 8 septembre 1834.

M. Bourmault René-Charles, était né à Evron le 15 février 1776. Nommé maire d'Evron le 23 juin 1800, il fit rendre au culte la belle église abbatiale qui devint l'église parossiale ; et il obtint la concession de l'ancienne maison des bénédictins pour les sœurs de la congrégation de la Chapelle-au-Riboul, qui s'y établirent le 21 décembre 1803.

M. Bourmault entra dans les ordres sacrés en 1810, et il fut successivement nommé vicaire à Saint-Calais, auprès de M. Dubourgneuf ancien curé d'Evron, puis à Bouère et à la Pooté. En 1819, il fut nommé vicaire à Evron, et chargé spécialement de la communauté des sœurs. En 1821, Mgr de Pidoll le pourvut de la cure de Meslay, où il ne resta que trois années. Mgr de la Myre le nomma vicaire général en 1824, et M. Bourmault exerça ces fonctions jusqu'en 1842. Il est mort au Mans le 20 mars 1847, léguant au séminaire une somme de 3,000 fr. à charge de services religieux. Ce legs fut autorisé par un décret du 31 décembre 1848.

(2) M. Vincent Michel-Pierre, né à Chailland le 13 janvier 1811, aujourd'hui doyen du chapitre de Laval et vicaire général honoraire de Mgr de Laval.

(3) M. Bouvier François-Guillaume, né à Meslay le 26 juin 1806, était parent de Mgr Bouvier. Il fut pourvu d'un canonicat le 24 mai 1845, et il garda le titre de vicaire général honoraire. M. Bouvier est mort à Meslay le 24 avril 1853.

que Mgr Bouvier venait chaque année célébrer au séminaire (1).

Ces changements si fréquents de supérieurs, pris au milieu des directeurs du séminaire, amenèrent par contre-coup des mutations assez nombreuses parmi les professeurs de cet établissement. M. l'abbé Hamon avait pris sa retraite en 1839 après avoir enseigné pendant 30 années la théologie au séminaire. Il fut remplacé successivement par M. Vincent et par M. Bruneau dont nous avons déjà parlé.

Au mois d'octobre 1845, nous trouvons comme professeurs du grand cours de théologie M. Coupris et M. Charles Fillion. Ce dernier, dont la promotion à l'épiscopat devait faire rejaillir un si grand honneur sur le séminaire de Saint-Vincent, y avait été appelé en 1841 comme professeur d'Écriture sainte. Pour le préparer à cet enseignement, l'administration diocésaine l'avait envoyé à Paris suivre pendant plusieurs années les cours publics des langues orientales. Après quatre années, on dut cependant lui faire quitter ce cours et lui confier celui de théologie morale bien plus important. Il fut remplacé par M. Louis Fillion (2) son frère, chargé depuis quelques années de l'enseignement de la philosophie au séminaire.

Dans cette même année 1845, M. l'abbé Laborde (3) fut appelé au séminaire et chargé du cours préparatoire de théologie, organisé

(1) M. Martin Bruneau, né à Ruillé-Froid-Fonds le 27 octobre 1813, resta vingt-six ans à la tête du séminaire. « Sa constante et unique préoccupation, « fut de former et de présenter à Dieu de dignes ministres du sanctuaire... « Dans le cours de cette longue administration, il eut le bonheur de donner « à l'Eglise de saints et vénérables prêtres qui, par leur vie pleine de mérites, « reproduisent au milieu des populations les enseignements et les exemples « qu'ils ont reçus du regretté défunt. Les diocèses du Mans et de Laval en « rendent un puissant et permanent témoignage dans les membres de leur « clergé. » Notice sur M. Martin Bruneau. Voir la *Semaine du Fidèle*, année 1871-1872, p. 612

(2) M. Louis Fillion, né à Saint-Denis-d'Anjou le 8 avril 1810, ne resta que quelques années au séminaire, sa mauvaise santé l'ayant obligé à quitter l'enseignement en 1849. Il fut alors nommé sous-supérieur et économe du collège de Château-Gontier, et un peu plus tard supérieur du petit séminaire de Mayenne. Il est mort le 23 février 1871. Voir la notice que nous avons publiée dans la *Semaine du Fidèle*, année 1870-1871, p. 226.

(3) M. Laborde Louis-Denis-Casimir, né à Courgenard le 4 mars 1818, était vicaire à Ernée quand il fut nommé directeur au séminaire. Il quitta cette maison le 4 mars 1851 ; il est aujourd'hui curé du Grand-Oisseau.

depuis deux ans seulement. M. l'abbé Chanteloup (1) devint professeur de philosophie, succédant à M. l'abbé Chaligné (2) lequel remplaça au cours des sciences physiques M. l'abbé Legendre (3) qu'une maladie très grave obligeait à quitter le séminaire.

Dans cette énumération des professeurs du grand séminaire du Mans nous ne saurions oublier ni M. l'abbé Lemaître (4) qui fut chargé pendant une année du cours d'Écriture sainte, ni surtout (5) Mgr Berneux, évêque de Capse, vicaire apostolique de Corée, mort glorieusement pour la foi dans cette mission. Mgr Berneux fut d'abord répétiteur de philosophie en 1836-1837 et ensuite chargé du même cours comme professeur titulaire pendant l'année scolaire 1838-1839. Son souvenir est demeuré cher au séminaire du Mans, malgré le peu de temps qu'il y est resté.

Le 1er février 1844, M. l'abbé Mautouchet, économe du séminaire était remplacé par M. l'abbé Grosbois (6), lequel n'exerça les fonctions d'économe que jusqu'au mois d'octobre 1846, époque où il eut pour successeur M l'abbé Guillier (7), tout en restant au

(1) M. Chanteloup Joseph-Jean, né à Martigné le 25 octobre 1817, est resté 21 ans directeur au séminaire. Il est aujourd'hui chanoine honoraire et archiprêtre de Saint-Calais.

(2) M. Chaligné René-Louis-de-Gonzague, né à Yvré-le-Pôlin le 20 juin 1819. Sa mauvaise santé l'obligea à quitter le séminaire, et il fut nommé curé de Dureil, le 13 septembre 1847. Il est aujourd'hui curé de Parcé.

(3) M. Legendre Lucien-Paul, né à Mamers le 21 mars 1814, nommé chanoine honoraire en 1844, décédé le 17 août 1861.

(4) M. Lemaître Mathurin-Jean, né à Saint-Charles-la-Forêt le 1er janvier 1816, était neveu de Mgr Bouvier. En sortant du séminaire, il devint secrétaire particulier du vénérable prélat. M. Lemaître entré dans la compagnie de Jésus, fut envoyé missionnaire en Chine, où il resta pendant longtemps, et où il est mort après un laborieux et fécond apostolat. Les *Annales de la Propagation de la Foi* ont donné plusieurs de ses lettres.

(5) Mgr Berneux Siméon-François, né à Château-du-Loir le 14 mai 1814, décapité pour la foi le 8 mai 1866.

(6) M. Grosbois François, né à Courcebœufs le 18 juin 1814, chanoine honoraire, a été de nouveau chargé de remplir les fonctions d'économe du séminaire depuis le mois de novembre 1861.

(7) Guillier Louis-Marie-François, né à Meslay, le 14 décembre 1813, fut économe du séminaire de 1846 à 1852. Au moment de l'organisation du diocèse de Laval, il fut nommé secrétaire général de l'Evêché et chanoine titulaire de la nouvelle église cathédrale.

séminaire avec le titre de bibliothécaire et la charge de maître des cérémonies.

Le nouvel économe commença ses fonctions dans des circonstances difficiles. La récolte de 1846 avait été très mauvaise dans une grande partie de la France; et comme le réseau des chemins de fer était encore incomplet, il était difficile de faire parvenir dans l'intérieur des blés arrivés à Marseille ou dans d'autres ports de mer. Le prix du blé atteignit 10 francs le double décalitre et toutes les autres denrées alimentaires furent à des prix exorbitants. Il fallait cependant pourvoir à la nourriture d'un séminaire alors très nombreux; et pour cela l'on dut contracter des dettes qui, à un moment, dépassèrent 50,000 francs.

Pour combler ce déficit, l'administration du séminaire se décida à aliéner une des propriétés qui lui avaient été données en 1808 par Mme veuve Bouvet. La ferme du Grand-Fief ne produisait qu'un revenu annuel de 1,000 francs : plusieurs fois on en avait offert un prix très élevé. Une ordonnance royale du 22 octobre 1847 en autorisa la vente à M. Foucault, pour un prix principal de 48,000 francs.

Cette même année 1847, l'administration diocésaine s'occupa à reconstituer l'œuvre des missionnaires diocésains. Nous avons raconté comment le R. P. Moreau, en fondant sa congrégation, s'était proposé d'avoir toujours un certain nombre de prêtres occupés spécialement de l'œuvre des missions diocésaines; comment le séminaire avait pendant toute une année donné asile à cette congrégation naissante; et comment enfin l'administration diocésaine lui était venue en aide, à la condition que quatre prêtres seraient toujours à la disposition de l'évêque du Mans pour les besoins du diocèse.

Mais à peine eut-il établi à Sainte-Croix sa nouvelle congrégation que le R. P. Moreau crut pouvoir accepter des missions lointaines. Dès l'année 1840, il envoyait une double colonie de ses Pères et de ses Frères en Algérie et à N.-D. du Lac en Amérique. Il avait de plus à pourvoir aux besoins de la maison d'éducation fondée à Sainte-Croix qui exigeait un personnel nombreux. Il fut donc amené à négliger l'œuvre des missions diocésaines, et à donner une autre destination aux prêtres qui devaient y être employés.

Le P. Gautier, ancien aumônier des Carmélites au Mans, qui s'était associé au P. Moreau dans le but spécial de travailler aux missions diocésaines, fut plus affligé que personne de la décadence d'une œuvre qui lui était particulièrement chère. Ayant toujours eu, d'ailleurs, de la répugnance à s'engager irrévocablement dans la congrégation de Sainte-Croix par des vœux religieux qu'on exigeait alors de tous les membres de cette association, il s'entendit avec Mgr Bouvier pour fonder une œuvre diocésaine de missionnaires. Il s'était assuré le concours du P. Cottereau, ancien membre de la congrégation de Sainte-Croix, alors vicaire à Saint-Vénérand de Laval; et l'on se décida à fonder au séminaire Saint-Vincent cette nouvelle institution sous la direction immédiate de l'évêque du Mans.

Cette œuvre des missions diocésaines existait au séminaire du Mans avant la Révolution. Les Lazaristes qui dirigeaient cette maison, depuis qu'elle leur avait été confiée en 1645 par Mgr de la Ferté (1), n'avaient pas cessé d'avoir toujours un ou deux missionnaires chargés exclusivement de l'évangélisation des campagnes. Le souvenir du bien qu'ils avaient fait était encore vivant dans le diocèse après la Révolution. Aussi, en réclamant la restitution de l'ancien

(1) *L'Acte d'union des bénéfices de Coëffort* au nouveau séminaire, rappelait le double objet qu'avait eu l'évêque du Mans en appelant dans son diocèse les enfants de Saint-Vincent de Paul : « Considérant disait-il, les grands biens qui reviennent à l'Église de Dieu en travaux et employs de la ditte Congrégation de la Mission et les secours très particuliers que reçoivent les diocèzes où elle est establye tant par les missions que font les prestres d'icelle par les villes, villages, bourgades et autres lieux les plus abandonnez et destituez de secours spirituels en édifiant et preschant familièrement, exhortant les peuples à la pénitence et renouvellement de vie, et à recevoir les sacrements avec les dispositions convenables, assoupissant les haines et discussions qui se rencontrent, et procurant l'assistance des pauvres malades par l'establissement des confréries de la Charité dans les lieux où ils font la mission et ailleurs où on les demande, comme ausi s'employant dans les lieux où ils se rendent, à instruire, former et eslever les séminaires des ecclésiastiques en tout ce qui regarde les fonctions de leur estat, mesme recevoir les ordinants qui leur sont envoyez pour faire faire les exercices spirituels et les disposer aux saints ordres.» *Saint-Vincent de Paul et ses institutions dans le Maine*, p. 21. M. Lochet donne, dans ce travail, plusieurs notices intéressantes sur des Lazaristes qui se dévouèrent à cette œuvre des missions dans les campagnes du Maine.

séminaire de la Mission, Mgr de Pidoll annonçait-il l'intention d'utiliser quelque partie de ces vastes bâtiments pour y rétablir l'œuvre des missionnaires diocésains.

Mgr Bouvier n'avait donc fait que reprendre les traditions de ses vénérés prédécesseurs en faisant tout d'abord des sacrifices pour aider le P. Moreau à fonder les missionnaires de Sainte-Croix et plus tard en songeant à établir une œuvre pareille exclusivement diocésaine. Dans ce dernier but, l'administration diocésaine fit l'acquisition, au mois de février 1848, de trois maisons situées rue de l'Abbaye Saint-Vincent et appartenant à M. Tousch et aux héritiers Herbinot Destouches et Beucher. Cette acquisition faite au prix de 11,400 fr. fut autorisée par un décret du 30 octobre 1849. Comme les maisons joignaient le portail d'entrée de l'ancienne abbaye Saint-Vincent, il fut très facile d'établir des communications avec le séminaire; et malgré les craintes légitimes causées par la révolution de 1848, le nouvel établissement fut approprié à sa nouvelle destination, pourvu d'un mobilier convenable et tout prêt à recevoir les prêtres qui se destinaient à ce pénible mais si consolant ministère.

Aux missionnaires qui avaient fait autrefois partie de la congrégation de Sainte-Croix : MM. Cottereau, Gautier et Launay, vinrent bientôt se joindre M. Galbin, ancien professeur au petit séminaire de Précigné, et trois jeunes prêtres MM. Masson, Hervé, Pointeau, ordonnés en 1850, heureux de profiter de l'expérience de leurs aînés pour travailler plus efficacement à la gloire de Dieu et au salut des âmes. M. Charles Fillion, sous-supérieur du séminaire, fut nommé supérieur de la nouvelle société religieuse, et il en dirigea les membres avec la doctrine, la sagesse et la douceur dont les diocèses de Saint-Claude et du Mans ont été plus tard les témoins.

La ville du Mans, située au centre d'un réseau de chemin de fer, offrait les plus grandes facilités aux missionnaires pour leurs courses apostoliques. D'un autre côté, ils trouvaient au séminaire pour leurs besoins matériels et pour leurs études toutes les ressources de ce grand établissement diocésain.

CHAPITRE XIX

Acquisition de l'ancien enclos de Saint-Vincent. — Mort et legs de Mgr Bouvier.

Le séminaire du Mans, l'un des plus beaux de France par ses vastes et magnifiques constructions, se trouvait presque entièrement privé des jardins et des dépendances nécessaires pour un établissement aussi important, la presque totalité de son enclos ayant été aliénée pendant la Révolution. En s'établissant à Saint-Vincent, le séminaire avait gardé la jouissance du jardin de Tessé; mais cet état de choses allait cesser. Le nouvel évêché était achevé; il ne restait plus que quelques travaux d'aménagements intérieurs; et, au mois de novembre 1848, Mgr Bouvier vint occuper le nouveau palais épiscopal, bâti sur l'emplacement de l'ancien hôtel de Tessé.

Au moment même où la nécessité d'organiser pour le séminaire diocésain un jardin potager se faisait plus vivement sentir, on mit en vente une partie notable de l'ancien enclos de Saint-Vincent, qui n'était séparé du séminaire que par une rue très peu fréquentée. Il était impossible de laisser échapper une occasion qui ne se présenterait probablement plus de longtemps. La récolte de 1847 avait été très abondante; et les quêtes du séminaire, jointes à quelques dons particuliers, avaient permis de combler le déficit causé par la disette précédente. Le séminaire pouvait donc disposer presque entièrement du produit de la vente de la ferme du Grand-Fief. L'acquisition de l'ancien enclos de Saint-Vincent fut résolue ; et le marché conclu au commencement de février 1848, quelques jours seulement avant la révolution qui brisait le trône de Louis-Philippe et proclamait l'avènement de la République. Le 30 octobre 1849, un décret du Président de la République régularisait cette opération et autorisait le séminaire à acheter des sieurs René Homo, propriétaire, et Alexandre Dubois, pharmacien, pour un prix de 40,600 fr., cette propriété comprenant un vaste jardin potager et une petite ferme.

Quelques années plus tard, le séminaire fit rebâtir la ferme et y transporta la vacherie et quelques autres bâtiments de service qui se trouvaient trop à l'étroit derrière l'infirmerie du séminaire. La communication entre le séminaire et le nouveau jardin était très facile par la rue de Bellevue ; mais on reconnut qu'il y avait des inconvénients de plus d'une sorte à ce que les domestiques et les journaliers employés pussent sortir ainsi librement et presque sans surveillance du séminaire et du jardin, l'on se décida à ouvrir un tunnel sous la rue de Bellevue. Ce tunnel remplit parfaitement le but qu'on s'était proposé, et les nouvelles acquisitions se trouvèrent ainsi parfaitement reliées au grand séminaire.

Successivement le séminaire a pu rentrer en possession de presque tout l'ancien enclos du monastère de Saint-Vincent et même en augmenter les dépendances.

En 1852, l'administration s'était décidée à aliéner la ferme de Pontniveau, située à Montabon, composée de pièces de terre détachées, difficiles à exploiter, mais qui devaient se vendre avantageusement par parties. Un décret du 6 novembre 1854 autorisa cette aliénation sur une mise à prix de 8,670 fr., et prescrivit en même temps de faire remploi du prix de vente en achetant un autre immeuble. Le séminaire satisfit à cette obligation en acquérant de la dame veuve Percheron-Beauchêne un champ attenant au jardin du séminaire et qui devait être réuni à la ferme de l'enclos. Ce champ coûta 10,929 fr.

Quelque temps auparavant, le 2 juillet 1850, un autre décret avait autorisé l'acceptation de la donation faite par M. l'abbé Julien Gautier, de bâtiments, jardins, terre et verger, situés au Mans, contenant ensemble un hectare cinq ares et soixante centiares, et estimés 10,250 fr. M. l'abbé Gautier n'avait en réalité contribué à cette donation que pour 6,000 fr. : il se proposait, au moyen de ce capital, de fonder une rente perpétuelle de 300 fr. pour le traitement d'un missionnaire diocésain (1).

Nous ignorons si l'administration diocésaine se proposait d'utiliser la nouvelle acquisition pour les besoins des missionnaires diocésains. Quoi qu'il en soit, cette propriété continua à être louée pendant plusieurs années, et ce fut seulement au mois d'août 1864 que l'administration du séminaire s'entendit avec M. l'abbé Lochet, vicaire de Notre-Dame de la Couture, pour lui concéder la jouissance de la maison et dépendances du Tertre Saint-Laurent, où il désirait établir une œuvre de jeunes gens. Aucun emplacement ne pouvait mieux convenir en raison de son isolement et de sa parfaite tranquillité, malgré sa proximité de la ville. Quatorze années se sont écoulées depuis la concession faite à M. l'abbé Lochet. L'ancienne maison d'habitation, qui tombait en ruines, a dû être démolie; mais on a construit une magnifique chapelle, une salle d'exercices, un préau couvert et une maison d'habitation pour le portier chargé de garder la propriété. Les terrains ont été appropriés à leur nouvelle destination, non sans des dépenses très considérables ; et l'œuvre de Notre-Dame du Tertre est de plus en plus prospère, grâce au dévouement et à la persévérance de son zélé fondateur et de tous ceux qui lui prêtent leur concours.

Quelques mois seulement après l'inauguration du nouveau bâtiment, une épidémie de petite vérole se déclara au séminaire. L'un des missionnaires diocésains, M. l'abbé Masson, rentrait d'une mission, le lundi 30 octobre 1853, atteint de cette maladie. Quinze jours après, plusieurs directeurs furent pris du même mal qui

(1) Quand les missionnaires diocésains s'établirent à Notre-Dame du Chêne, le séminaire rendit au P. Gautier les 6,000 fr. qu'il avait donnés et qui furent employés à payer une acquisition de terrains.

s'étendit aux élèves et aux domestiques de la maison, où l'on compta bientôt plus de trente malades. Chez la plupart, les symptômes furent peu graves; malheureusement il n'en fut pas de même chez l'un des directeurs, M. l'abbé Pointeau

Dès le principe, la maladie inspira les inquiétudes les plus légitimes. M. l'abbé Pointeau était aussi aimé qu'estimé de ses confrères et de ses élèves, à cause de son caractère plein d'amabilité et de saillies, de sa grande piété et de ses talents. Par la facilité de son élocution, sa lucidité et sa brillante imagination, il savait donner un vif intérêt aux questions les plus ardues de la philosophie. Toutes ces qualités réunies promettaient au séminaire du Mans un professeur remarquable. Ces espérances ne devaient pas se réaliser, et M. l'abbé Pointeau succomba le 5 décembre 1853 (1).

Le jour même de la sépulture, l'on se décida, sur l'avis du médecin, à renvoyer dans leurs familles tous les élèves en état de faire le voyage. Quelques-uns seulement, trop malades pour être transportés, furent gardés au séminaire avec quelques élèves pour les soigner. Plusieurs séminaristes tombèrent malades dans leurs familles; mais aucun ne fut gravement atteint, et le 5 janvier 1854 tous les élèves purent rentrer et reprendre le cours de leurs études.

Dans cette année 1854, l'Église du Mans et le séminaire devaient éprouver une perte bien plus sensible. Mgr Bouvier avait été appelé à Rome par le pape Pie IX pour la proclamation du dogme de l'Immaculée-Conception de la très sainte Vierge. Répondant à une convocation si honorable et qui n'avait été faite tout d'abord qu'au cardinal Gousset, archevêque de Reims, et à lui, le vénérable prélat n'arriva à Rome qu'affaibli par une longue maladie. Il put cependant assister à la fête du 8 décembre et être témoin du triom-

(1) Voici l'inscription qui fut mise sur la tombe de M. Pointeau : *Hic depositum est, a Domino suscitandum, corpus Josephi Michaelis* Pointeau, *sacerdotis, Philosophiæ professoris in seminario Sancti Vincentii. Amicis discipulisque multum flebilis, Christum confitendo et amanter invocando obiit anno salutis MDCCCLIII nonis decembris. — Amen, Veni Domine Jesu. Apoc. cap. ult.* Ces paroles sont celles qu'il aimait à répéter dans ses derniers moments. M. l'abbé Pointeau était né à Cosmes le 25 octobre 1818, et il avait été ordonné prêtre le 25 mai 1850.

phé de la bienheureuse Vierge mère de Dieu ; mais, quelques jours après, le 29 décembre 1854, il décédait à Rome au palais du Quirinal, où le Souverain Pontife lui avait donné une généreuse hospitalité.

Le corps fut rapporté en France, et le mercredi 17 janvier 1855, à une heure du matin, il arrivait à la gare du Mans, d'où il fut immédiatement transporté au séminaire. « A deux heures et demie, le cercueil fut introduit dans la chapelle, où tous les élèves, en habit de chœur, un cierge à la main, l'attendaient en silence. On y célébra la messe pour le bien-aimé défunt. A trois heures, tout était terminé.

« Le lendemain jeudi, le cercueil fut ouvert pour constater l'identité, et le corps, parfaitement conservé, put être exposé, la face découverte, sur le catafalque élevé au centre du chœur de la chapelle, tendue de noir dans toute sa hauteur et transformée en chapelle ardente.

« A partir du vendredi jusqu'au mardi suivant, 23 janvier, jour de la sépulture, une foule nombreuse ne cessa d'affluer pour contempler une dernière fois ces traits si chéris sur lesquels la mort avait laissé son empreinte, mais sans les défigurer complètement » (1).

La sépulture se fit à la cathédrale, et le corps fut déposé dans la chapelle souterraine que le vénérable défunt avait fait réparer à ses frais pour servir à la sépulture des évêques du Mans, et qu'il avait bénite quelques jours seulement avant son départ pour Rome. Son cœur devait être déposé au séminaire Saint-Vincent.

Dans la dernière allocution prononcée au moment où il allait recevoir les derniers sacrements, Mgr Bouvier rappelait toute l'affection qu'il portait à son séminaire. « Je bénis mon grand séminaire, que j'ai vu naître et prospérer, qui a toutes mes affections et qui a toujours été l'objet de toute ma sollicitude » (2). Ce

(1) *Derniers instants de Mgr Bouvier*, p. 63.

(2) Pendant une notable partie de son épiscopat Mgr Bouvier disposa, en faveur de son séminaire, des aumônes dont il avait le libre emploi. Nous le voyons presque chaque année, de 1830 à 1849, remettre entre les mains du trésorier du séminaire, 6,000 fr. et même quelquefois 10,000 fr.

même séminaire eut la part principale de son héritage. Voici quelles furent les dispositions testamentaires de Mgr Bouvier : « Je lègue au grand séminaire du Mans, où j'ai passé une grande partie de ma vie, les autres immeubles ou rentes sur l'État ou sur particuliers que je posséderai au moment de ma mort...

« Tous mes droits de propriété littéraire, que je pourrais avoir au moment de mon décès, appartiendront également au séminaire. Telle est ma volonté formelle.

« Je ne veux pas que le séminaire soit grevé de fondations, à cause des avantages que je puis lui laisser. Toutefois, j'exprime le vœu que la messe de communauté soit dite à mon intention quatre fois par an ; s'il se peut, le 17 janvier, jour de mon baptême, le 21 mars, anniversaire de ma consécration, le 24 juin, jour de ma fête et le jour anniversaire de mon décès » (1).

Les immeubles que possédait Mgr Bouvier et qu'il léguait au séminaire comprenaient la Chaume, attenant au jardin de l'évêché et qu'il avait achetée en 1841, et quelques bâtiments réunis au collège de Château-Gontier.

Les ouvrages théologiques de Mgr Bouvier étaient classiques dans un grand nombre de diocèses de France : leur vente assurée et à peu près régulière (2) produisait chaque année un revenu dont le vénérable prélat faisait un généreux usage (3), mais qui lui avait

(1) Les autres legs de Mgr Bouvier furent au profit des évêques du Mans, à qui il laissa la maison et le jardin de la Chaume, une portion de terrain annexé au jardin de l'évêché, et sa magnifique bibliothèque, malheureusement détruite dans l'incendie de 1871.

(2) De 1855 à 1867, le séminaire a retiré du produit des ouvrages de Mgr Bouvier une somme totale de 10,464 fr. Pour conserver cette propriété l'administration du séminaire, sous les auspices de Mgr Fillion, évêque du Mans, fit refaire une nouvelle édition, corrigée par trois directeurs du séminaire : elle en céda la propriété à MM. Leroux et Jouby, éditeurs, à des conditions très avantageuses.

Quelques années plus tard, le légataire universel de Mgr Bouvier, M. l'abbé Sébaux, aujourd'hui évêque d'Angoulême, remit encore au séminaire un capital de 10,000 francs pour la fondation d'une bourse au nom du vénérable prélat.

(3) En 1854, désirant assurer un asile aux prêtres infirmes et qui n'avaient pas assez de ressources pour vivre chez eux, il fit bâtir à la communauté de la Providence de la Flèche une maison de retraite pour laquelle il dépensa 15,000 fr.

permis cependant de réaliser quelques économies. Il possédait à ce titre 1,732 fr. de rentes sur l'État, qui augmentèrent les revenus fixes du séminaire diocésain.

Dès l'année 1855, on s'occupa de l'érection, au séminaire, d'un monument où pourrait être déposé le cœur de Mgr Bouvier. On choisit pour emplacement une chapelle à la suite de la salle des conférences, et M. Lassus, architecte du gouvernement, fut prié de préparer un plan. Malheureusement ce plan, conçu dans des proportions trop grandioses, ne put pas être accepté; à la veille de la division du diocèse du Mans, on ne crut pas pouvoir faire une dépense qui pouvait dépasser 20,000 fr., c'est-à-dire 13,000 fr. pour le monument lui-même et 7,000 fr. pour les travaux d'appropriation de la chapelle.

Au mois d'avril 1864, Mgr Fillion obtint du ministre des Beaux-Arts un buste en marbre blanc de Mgr Bouvier, fait par Chenillion (1). M. Gaullier, sculpteur au Mans, fut chargé de présenter un projet de monument en rapport avec le style de la chapelle du séminaire où il devait être élevé. Ce projet parut très convenable, et il a été exécuté au commencement de l'année 1867, par les soins de ce même M. Gaullier. Le cœur de Mgr Bouvier, renfermé dans une boite en plomb, est placé sous le buste du vénérable prélat, et l'inscription suivante rappelle l'objet de ce monument commémoratif :

(1) Dès l'année 1859, Mgr Nanquette avait adressé au ministre des Beaux-Arts la demande du buste de Mgr Bouvier. « Le souvenir de Mgr Bouvier, écrivait-il, est resté en grande vénération dans mon diocèse, et je prie Votre Excellence de m'aider à honorer la mémoire d'un prélat qui a laissé parmi nous de si beaux exemples.

« Un buste de marbre de Mgr Bouvier a été exposé par M. Chenillion au salon de 1857, sous le numéro 2796 du livret. On m'assure que ce buste a été trouvé excellent comme œuvre d'art, et je serais heureux qu'il pût être placé soit au grand séminaire, soit à l'évêché du Mans. »

HIC
REPOSITUM EST
COR
ILL. AC REV. EPISCOPI
J.-B. BOUVIER
SEMINARII CENOM. PROMOTORIS
ET PER XV ANNOS SUPERIORIS,
QUOD AMORIS PIGNUS PRÆCIPUI
SUO SEMINARIO
MORIENS IPSE DEDIT.

PATRI OPTIMO ET
BENEMERENTISSIMO.

CHAPITRE XX

Transaction pour le règlement des intérêts du séminaire du Mans au moment de l'érection d'un siége épiscopal à Laval.

Dans les dernières années de Mgr Bouvier une vive controverse s'était élevée sur la convenance de l'érection, à Laval, d'un nouvel évêché qui aurait juridiction sur tout le département de la Mayenne, l'ancien évêché du Mans ne devant conserver que le département de la Sarthe. Les promoteurs les plus ardents de cette érection avaient toujours demandé que l'état de choses existant fût maintenu pendant toute la vie de Mgr Bouvier, dont le zèle et la sagesse étaient si appréciés du vaste diocèse qu'il gouvernait depuis longtemps. Mais aussitôt après la mort du vénérable prélat de vives instances furent faites auprès du gouvernement de l'empereur, et elles furent couronnées d'un heureux succès.

Par une bulle du 30 juin 1855 (1), le Souverain Pontife Pie IX érigea le nouveau siège épiscopal de Laval. Elle fut promulguée solennellement le 26 novembre 1855 par un acte de S. Em. Mgr Charles Sacconi, archevêque de Nicée, nonce apostolique en France, qui alla le surlendemain, 28 novembre, installer solennellement le nouvel évêque de Laval, Mgr Wicart. Le même jour, Mgr Nanquette, évêque du Mans, prenait possession de l'antique siège de Saint-Julien.

Bien des intérêts étaient communs entre les deux diocèses; et parmi les questions les plus délicates à régler se trouvait précisément celle des intérêts temporels du séminaire du Mans. Tout en faisant observer avec raison que les intérêts du diocèse du Mans ne pouvaient souffrir d'une séparation que le Mans n'avait pas sollicitée, Mgr Nanquette était disposé à ne pas s'en tenir aux dispositions strictes du droit et à faire quelques concessions en faveur du nouveau diocèse. Une transaction amiable était d'ailleurs conforme aux désirs exprimés par le Souverain Pontife lui-même.

M. Charles Fillion, vicaire général et vice-président du bureau d'administration du séminaire, fut chargé de préparer un projet de transaction. Dans son rapport, il commençait par établir que le nouveau diocèse de Laval ne pouvait en droit strict élever aucune

(1) Une loi du 5 mai 1855 portait qu'il pourrait être créé à Laval un nouveau siège épiscopal dont l'établissement et la circonscription seraient concertés entre le Saint-Siège et le gouvernement.

Le 7 septembre 1855, le ministre des Cultes envoya à MM. les vicaires généraux capitulaires du Mans, une ampliation du décret impérial du 30 août 1855, qui autorisait la réception et la publication en France de la Bulle pontificale portant érection de l'évêché de Laval, suffragant de Tours.

prétention à un partage proprement dit des biens du séminaire. Il établissait sa thèse sur le droit canon et sur le droit civil ecclésiastique actuel, qui refuse aux cures nouvellement érigées le droit de revendiquer aucune part de la dotation de la cure dont elles sont distraites. De plus, il prouvait qu'en fait presque tous les biens possédés par le séminaire du Mans étaient situés sur le territoire de la Sarthe et provenaient de bienfaiteurs de la Sarthe.

Cependant il ajoutait que, ne voulant pas s'en tenir à la rigueur du droit, il proposait de céder au diocèse de Laval : 1° Le collège de Château-Gontier, c'est-à-dire le mobilier de cet établissement, les immeubles annexés au collège communal et le pré d'Azé qui en avait toujours dépendu ; 2° toutes les bourses ou rentes fondées en faveur d'élèves ecclésiastiques de la Mayenne ; 3° les pensions restant dues au séminaire du Mans par les jeunes prêtres appartenant au nouveau diocèse de Laval.

Ce projet de transaction fut soumis au chapitre le 26 avril 1856, dans une réunion présidée par Mgr Nanquette, et il fut approuvé à l'unanimité. Le 27 juin suivant, une nouvelle délibération capitulaire confirma le premier vote.

Cependant Mgr Wicart ne trouvait pas suffisantes les concessions qui lui étaient proposées. Le 2 octobre 1856, il envoya au Mans M. l'abbé Wicart, son frère, vicaire général, et M. Davost, archiprêtre de la cathédrale de Laval, pour s'entendre avec Mgr Nanquette. Une nouvelle transaction fut arrêtée, signée par les deux évêques du Mans et de Laval le 3 octobre 1856 et soumise par eux à l'approbation du gouvernement.

Voici le texte de cet acte si important pour le séminaire du Mans :

Monseigneur l'Évêque du Mans, d'une part;

Monseigneur l'Évêque de Laval, d'autre part ;

Vu la nécessité d'un accord pour déterminer les intérêts réciproques de leurs séminaires ;

Et voulant arriver à cette fin par une transaction qui soit acceptable des deux côtés ;

Ont d'un commun consentement arrêté entre eux ce qui suit :

ARTICLE 1er.

Le séminaire de Laval possédera en toute propriété les immeubles situés dans le département de la Mayenne, savoir :

1° La ferme de la Basse-Porte, située commune de Saint-Brice, affermée, outre les impôts, un fermage annuel de 340 francs ;

2° Le pré de Lhommeau, situé en la commune de Saint-Quentin, affermé moyennant 152 francs par an, outre l'impôt ;

3° La métairie de la Croixille, située commune de Maisoncelles, d'un produit d'environ 1,800 francs, mais soumise à l'usufruit de Mlle Virginie Freulon, pendant sa vie.

Nota : Cette métairie a été léguée au séminaire du Mans par M. Dubois-Beauregard, propriétaire à Laval, en même temps qu'une rente annuelle et foncière de cent francs, au capital de 2,000 francs. Ce legs ne pourra recevoir son exécution qu'après l'autorisation du gouvernement, qui est depuis longtemps demandée (1).

Il est fait expresse réserve de la rente de cent francs en faveur du séminaire du Mans.

4° La moitié indivise, dépendant de la succession de Mgr Bouvier, décédé évêque du Mans, dans plusieurs immeubles comprenant des bâtiments et jardins annexés au collège de Château-Gontier, et dans un pré, situé en la commune d'Azé et nommé le pré de la Fontaine (2).

Cette moitié indivise fait partie du legs à titre universel de ses immeubles fait par Mgr Bouvier au séminaire du Mans : l'instruction administrative pour obtenir l'autorisation d'accepter ce legs est en cours d'instances (3).

(1) Par décret du 13 janvier 1857, fut autorisé le legs fait par M. Michel Dubois-Beauregard de la nue-propriété de la ferme de la Croixille, située commune de Maisoncelles (Mayenne), d'une contenance de 53 hectares 41 ares et estimée 72,000 francs.

(2) L'autre moitié appartenait à M. le chanoine Louis Fillion, légataire de M. Horeau au même titre que Mgr Bouvier. M. Fillion s'empressa de transmettre cette portion au diocèse de Laval.

(3) Les legs faits par Mgr Bouvier furent autorisés par un décret impérial du 20 mai 1857.

ARTICLE 2.

Le séminaire de Laval possédera pareillement en toute propriété une rente totale de *sept cent cinquante-quatre* francs sur l'État à prendre sur une rente de 8,760 francs, inscrite au nom du séminaire du Mans sous le numéro 265, et faisant partie de l'inscription départementale portée au Grand-Livre du 4 1|2 pour 0|0, au nom de la recette générale de la Sarthe.

La rente de 754 francs présentement attribuée au séminaire de Laval a pour origine, savoir :

1° Un don de M. Duchemin qui fut converti en une rente de 325 francs, réduite par la conversion en 4 1|2 à.......	292 fr.
2° Une rente de 200 fr. sur particuliers, donnée par Mme Goubault, remboursée au capital de 4,000 francs, convertie en une rente 5 pour 0|0 sur l'État, de 169 francs et réduite en 4 1|2 à................................	152
3° Une rente 5 0|0 donnée par M Fournier, neveu de M. Faisant-Dubourg, curé de Saint-Vénérand de Laval, s'élevant à 344 francs, réduite en 4 1|2 à............	310
Somme égale..............	754 fr.

Ces trois dons avaient été faits au séminaire du Mans sous la condition de bourses en faveur de jeunes gens du département de la Mayenne. Mgr de Laval a reçu communication de ces conditions, qui seront, s'il est nécessaire, rappelées et consignées en détail dans un écrit annexé au présent traité.

ARTICLE 3.

Enfin, le séminaire de Laval sera encore approprié d'une rente annuelle et perpétuelle de trois cents francs fondée et servie par M. Philippe Morin-Blottais, en faveur du séminaire du Mans, au capital de 8,000 francs, sous la charge d'une bourse en faveur d'un élève de la Mayenne.

Le titre de cette rente sera remis à Mgr de Laval, qui y trouvera constatées les conditions imposées par le fondateur. L'analyse de ce titre pourra, s'il est nécessaire, être consignée dans un écrit annexé au présent traité, comme il est dit ci-dessus.

ARTICLE 4.

Le séminaire du Mans conserve la propriété de tous les biens meubles, créances, rentes et immeubles, quels qu'ils soient, dont il est en possession, autres que ceux qui par le présent traité sont attribués au séminaire de Laval. Il conserve également tous les droits résultant en sa faveur du testament, non encore exécuté, de Mgr Bouvier, sauf en ce qui concerne les annexes du collège de Château-Gontier et le pré situé en la commune d'Azé, et pareillement les droits déjà réservés ci-dessus à la rente de cent francs léguée par M. Dubois-Beauregard, dont le testament n'a pas non plus encore reçu son exécution.

ARTICLE 5.

Il est bien entendu que le séminaire du Mans ne sera tenu envers le séminaire de Laval à aucune garantie quant à la délivrance réelle des legs faits par Mgr Bouvier et par M. Dubois-Beauregard ; en sorte que si, par des circonstances inattendues, et par quelque cause que ce soit, la délivrance ne pouvait être obtenue, le séminaire de Laval n'aurait aucune compensation à demander, Monseigneur l'évêque du Mans s'engageant uniquement à transmettre au séminaire de Laval les droits que peut avoir le séminaire du Mans, sans autre garantie.

ARTICLE 6.

Le séminaire de Laval aura droit à recevoir les arrérages des rentes et les fermages des biens à lui attribués à partir du 1er janvier 1856. En conséquence, le séminaire du Mans lui tiendra compte des *prorata* d'arrérages et des fermages encaissés depuis cette époque, et conservera ses droits sur les *prorata* qui seraient encore à recouvrer jusqu'à la même date.

ARTICLE 7.

Par le seul fait du présent traité, le séminaire de Laval demeure, à partir du 1er janvier 1856, chargé du service des bourses auxquelles sont affectées les rentes sur l'Etat ou sur particuliers. (Art. 2 et 3 ci-dessus.)

ARTICLE 8.

Le séminaire de Laval prendra les immeubles qui lui sont attribués dans l'état où ils sont aujourd'hui, sans recours contre le séminaire du Mans, et avec la charge d'exécuter les baux écrits ou les conventions verbales faites avec les fermiers ou locataires; comme aussi, en ce qui concerne les bâtiments du collège de Château-Gontier, de se conformer à tous les traités conclus avec la ville, en tant que le séminaire du Mans, comme légataire de Mgr Bouvier, aurait pu lui-même y être tenu.

ARTICLE 9.

Le séminaire de Laval commençant la jouissance réelle à partir du 1er janvier 1856, payera à partir de la même époque les contributions dites de main-morte et tous autres impôts, sauf à faire payer par les fermiers ceux que les baux ont mis à leur charge.

ARTICLE 10.

Monseigneur l'évêque du Mans déclare encore ne vouloir retenir en faveur de son séminaire ou de lui-même aucun droit sur l'institution libre que Mgr Bouvier, en vertu d'un traité fait avec la ville de Château-Gontier et d'un décret impérial du 29 octobre 1853, avait établie dans les bâtiments du collège de Château-Gontier.

En conséquence, tout le matériel de cette maison, toutes les créances, le bénéfice du traité, les indemnités et subventions promises par la ville sont et demeurent attribués au séminaire de Laval ou à Monseigneur l'évêque, sous la charge d'exécuter à ses risques et périls les conditions dudit traité, et de payer les dettes de l'institution.

Monseigneur l'évêque du Mans remettra à Monseigneur l'évêque de Laval les conventions arrêtées avec la ville de Château-Gontier, dont il est dépositaire.

ARTICLE 11.

Le présent traité a été ainsi fait et arrêté entre les deux prélats pour être soumis à la haute sanction du gouvernement et être ensuite exécuté selon sa forme et teneur.

Fait double au Mans et à Laval, le 3 octobre 1856.

† JACQUES, évêque du Mans.
† CASIMIR, évêque de Laval.

Cette convention fut en effet approuvée par un décret impérial du 9 mai 1857. Aucune difficulté ne s'éleva pour son entière exécution (1).

(1) Suivant les prescriptions canoniques, le chapitre cathédral du Mans donna le 15 novembre 1856 son avis favorable à cette convention qui fut aussi approuvée par le Saint-Siège. Voici en quels termes MM. les membres du chapitre du Mans donnèrent leur avis :

« Libratis hinc et inde rationum momentis in suis comitiis dierum 26 aprilis « et 27 junii 1856, non solum suffragium et consensum præstiterunt ipsis præfatis « concordatis, verum etiam ex unanimi ore multum laudaverunt et eorum ple- « nariam conclusionem et executionem se exoptare declaraverunt. »

CHAPITRE XXI

Legs et dons en faveur du séminaire de 1855 à 1872. — Mutations parmi les directeurs.

La division du diocèse du Mans n'affaiblit pas la générosité des bienfaiteurs du séminaire : on sentait au contraire le besoin de faire plus d'efforts pour pourvoir aux frais de l'éducation des élèves ecclésiastiques, dont on pouvait craindre de voir diminuer le nombre. Comme précédemment, le clergé du diocèse ne se contenta pas d'encourager les personnes du monde : il contribua pour une large part aux dons et aux legs que nous avons à enregistrer.

Dès le commencement de l'épiscopat de Mgr Nanquette, un décret du 29 mars 1856 autorisa le séminaire du Mans à accepter la double donation faite par deux actes du 28 mars 1855. Par le premier, Mlle Louise-Jeanne-Henriette Gauvain-Durancher donnait au séminaire la ferme de la Loge située à Chevillé ; par le second, Mlle Geneviève-Scholastique Gauvain-Renière faisait don de la ferme de Cottereau, située aussi à Chevillé.

M. l'abbé Colin-Fontaine, curé de Cherreau, légua à l'évêché du Mans un capital de 6,000 francs, à la charge de servir une rente viagère à sa domestique. Après l'extinction de cette rente viagère, encore servie aujourd'hui, ce qui restera du capital sera partagé entre le séminaire diocésain et l'œuvre de la Propagation de la Foi. Un décret du 11 mars 1856 approuva ces dispositions testamentaires.

Un autre décret du 28 décembre 1859 autorisa le séminaire à accepter un legs de 1,000 francs fait par M. l'abbé Leboucher, François-Michel, décédé curé d'Aillières.

Nous avons dit que le legs fait au profit du séminaire par Mgr Bouvier comprenait une propriété appelée la Chaume et située tout près de l'évêché. Le département de la Sarthe, désirant reconstruire l'école normale, demanda à acheter une portion de ce terrain. Le séminaire lui en vendit une première fois 7,038 mètres pour 26,000 francs, et ensuite 1,200 mètres pour 3,000 francs. Un décret impérial du 25 mai 1861 autorisa cette aliénation, et la vente de cinq autres parcelles du même terrain de la Chaume à divers propriétaires, pour un prix de 7,640 francs. Un nouveau décret du 13 janvier 1864 autorisa la vente du reste du terrain de la Chaume. Ces ventes successives produisirent 77,114 francs.

Un nouveau décret du 18 juillet 1865 autorisa le séminaire à faire emploi de la plus grande partie de ces capitaux en achetant de M. Piquet et des dames Epiard, moyennant un prix de 40,000 fr., le bordage du Grand-Banjan, situé communes du Mans et de Coulaines et tout près de l'enclos du séminaire; et pour un prix de 6,000 francs, une portion de pré, joignant le bordage de Banjan et l'enclos du séminaire, que le sieur Buon avait consenti à vendre.

Au mois de février 1858, le séminaire fut l'heureux témoin d'un événement qui lui rappelait la joie qu'avait causée autrefois la promotion de Mgr Bouvier au siège épiscopal du Mans. Par un décret du 1er février 1858, M. l'abbé Charles Fillion, pendant plusieurs années professeur et sous-supérieur du séminaire, et qui, même depuis qu'il était devenu vicaire général titulaire, n'avait pas cessé de demeurer au séminaire, était nommé au siège épiscopal de Saint-Claude.

De bonne heure M. Charles Fillion avait su, par sa doctrine, son habile direction des âmes dans les voies de la perfection spirituelle, et l'extrême bonté de son caractère, acquérir une grande influence, non seulement sur les séminaristes et les prêtres formés par ses soins, mais encore sur le clergé tout entier du diocèse du Mans et sur un grand nombre de fidèles. Mgr Bouvier l'avait nommé chanoine titulaire de la cathérale, lui avait donné des lettres de vicaire général honoraire et l'avait choisi pour son confesseur dans les dernières années de sa vie. Après la mort de Mgr Bouvier, de vives instances furent faites pour que le gouvernement lui donnât pour successeur M. l'abbé Fillion. Ces négociations ne réussirent pas. Le nouvel évêque du Mans, Mgr Nanquette, fut heureux de trouver dans M. Charles Fillion un coopérateur aussi capable que prêt à user de toute son influence pour le bien du diocèse : il le nomma son second vicaire général titulaire.

Comme nous l'avons dit, M. l'abbé Fillion avait continué d'habiter le séminaire Saint-Vincent qui était pour lui comme sa maison paternelle. C'est là que le clergé du diocèse, les autorités de la ville du Mans et de nombreux amis vinrent saluer le nouveau prélat et le complimenter d'une promotion que son humilité seule pouvait trouver prématurée. Ce fut aussi au séminaire que, le jour de son sacre, Mgr Fillion réunit à dîner les prélats consécrateurs, les principaux membres des clergés du Mans, de Laval et de Saint-Claude, et de nombreux laïques. La salle dite des Piliers avait été ornée avec beaucoup de goût; et une table unique, dressée du côté de la cour du nord, put réunir les nombreux invités.

Malgré la joie bien vive qu'elles occasionnaient, ces fêtes avaient cependant leur tristesse. Mgr Fillion devait quitter Le Mans pour aller administrer le diocèse de Saint-Claude. La divine Providence abrégea cette absence qui paraissait devoir être indéfinie. Malgré toute l'apparence d'une forte santé, Mgr Nanquette succombait le 10 novembre 1861, dans un âge peu avancé et après quelques années seulement d'épiscopat. Une seule voix s'éleva aussitôt dans tout le diocèse pour réclamer le retour de Mgr Fillion. Ce ne fut pas sans peine que le vénérable prélat consentit à quitter le diocèse de Saint-Claude, où il avait été accueilli avec tant de bienveillance, et dans lequel la confiance et le respect filial du clergé et des fidèles lui avaient rendu si facile l'exercice de son ministère. Il fallut, pour le décider à ce sacrifice, une invitation du Souverain Pontife Pie IX. Mgr Fillion prit possession du siège de Saint-Julien le 3 juin 1862, au milieu de la joie et de l'enthousiasme de toute la ville du Mans, où, comme il le disait dans son mandement de prise de possession, « il avait connu tant d'âmes nobles et élevées, où tous les visages « étaient pour lui des visages amis, et où tous, grands et petits, « pauvres et riches, l'entouraient d'une commune affection. »

Le séminaire devait être, pour le nouvel évêque du Mans, l'objet d'une affection toute spéciale. « Saint-Vincent, disait-il encore dans « le même mandement, nous a ouvert les sources de la grâce et de « la science sacrée ; il va nous rendre d'anciens collaborateurs qui « sont pour nous des frères bien-aimés. » Ce fut donc avec une bien douce consolation qu'il vit les libéralités des ecclésiastiques et des fidèles continuer à pourvoir aux besoins d'un établissement de la prospérité duquel dépend la conservation de la foi dans le diocèse entier.

Madame Madeleine Roger, épouse de M. Michel-René Brindeau, du Mans, légua au séminaire, à charge de services religieux, une somme de 5,000 francs, réduite à moitié par suite de l'insuffisance de la succession. Ce legs fut approuvé par un décret du 15 janvier 1863. La même année, le 27 et le 30 mai, deux autres décrets impériaux approuvaient, le premier, un legs de 3,000 francs fait à titre gratuit par Mlle Françoise Abafour, et le second, un legs de divers objets mobiliers estimés 510 francs, fait par Mlle Françoise-Louise Coutard, nièce de M. l'abbé Huard, curé de N.-D. de la Couture et bienfaiteur du séminaire. Cette demoiselle imposait, par son testament, la célébration de quelques services religieux, que le séminaire s'empressa d'acquitter pour reconnaître les services que cette bienfaitrice lui avait rendus à plusieurs reprises.

M. l'abbé Blin, Jean-Baptiste-Joseph, maître de chapelle à la cathédrale, légua au séminaire un capital de 500 francs à charge de services religieux. Ce legs fut autorisé par un décret du 24 mai 1864. Plusieurs autres ecclésiastiques firent, à la même époque, en faveur du séminaire, des libéralités dont nous sommes heureux de conserver ici le souvenir. M. l'abbé Jacques-Marie-Antoine Lochet, vicaire de N.-D. de la Couture, donna la ferme de la Vannerie, située commune de Saint-Célerin (Décret du 27 décembre 1865). M. le chanoine Pierre-Antoine Dubois, dont nous avons déjà cité le nom à l'occasion des services rendus par lui au séminaire, donna à cet établissement la maison qu'il habitait rue Saint-Vincent, au Mans, et un champ acheté par lui pour compléter le petit bordage du Thuau, propriété du séminaire, mais dont on lui avait concédé la jouissance (Décret du 24 octobre 1866) (1). M. l'abbé Anger, prêtre du diocèse du Mans, retiré à Nantes, lègua au séminaire une somme de 200 francs, à titre gratuit et comme souvenir de son éducation sacerdotale (Décret du 31 mars 1866.) M. Alexis-René Launay, curé-doyen de La Ferté-Bernard, assura par son testament, au séminaire, la propriété d'une maison située au Mans, rue de la Juiverie, et qu'il avait reçue lui-même par suite du legs universel fait en sa faveur par M. René Savarre, curé de N.-D. de la Couture. (Décret du 9 février 1867.)

M. Benjamin Heurtebize, vicaire général et ancien supérieur du séminaire, laissa en mourant, à cette maison, sa bibliothèque et un capital de 2,000 francs, pour la fondation à perpétuité de services religieux à son intention. Ces dispositions testamentaires furent approuvées par un décret du 13 mai 1868. Le 30 du même mois le gouvernement autorisait aussi le séminaire à accepter le legs universel fait par M. l'abbé Lemay, Frédéric, décédé curé de Roullée, et consistant en son mobilier estimé 4,096 francs, et une maison et quelques terres, nommées le clos Grimault, situées à Saint-Marceau, à charge de services religieux.

Quelque temps avant la funeste guerre de 1870-1871, M. l'abbé Surin, Jean, curé de Lucé-sous-Ballon, qui avait déjà fait plusieurs libéralités en faveur du séminaire, établit cette maison son légataire universel. Ce legs consistait en divers objets mobiliers

(1) Quelque temps après, M. le chanoine Dubois, voulant faire plaisir à une personne qu'il affectionnait, engagea fortement le séminaire à vendre à cette personne le bordage et la maison de campagne du Thuau. L'aliénation fut autorisée par un décret du 26 février 1873.

et en quelques créances. Les meubles, et surtout une provision de vin, furent exposés à toutes les déprédations des Prussiens pendant la guerre. Le séminaire, n'étant point autorisé régulièrement à accepter le legs qui lui avait été fait, avait dû laisser ces objets à Lucé-sous-Ballon. Un décret du 23 avril 1872 vint enfin régulariser cette situation : et après avoir rempli toutes les charges, le séminaire retira à peu près 9,000 francs de ce legs fait à charge de services religieux.

M. Ragot Auguste-Louis, chanoine honoraire de la cathédrale et Mlle Ragot, Marie, sa sœur, donnèrent au séminaire le bordage du Grand-Preuilly, situé commune du Mans. Cette libéralité fut autorisée par décret du 8 juillet 1869.

M. Daspe de Clermont, Jean-Baptiste-François, aumônier des orphelines à Laval et pendant plusieurs années correspondant de l'évêché du Mans, fit au profit des deux séminaires du Mans et de Laval, à charge de services religieux, un legs qui produisit, pour chacun de ces établissements, une rente sur l'État de 75 francs, et qui fut autorisé par décret du 17 février 1872.

Quelques années auparavant, Mme Anne Cordelet, épouse de M. Jean Simier, de Noyen, légua au séminaire du Mans une maison située à Noyen (Décret du 4 mars 1865.) Le séminaire n'a gardé cet immeuble que quelques années ; il a été autorisé, par un décret du 19 octobre 1868, à le vendre pour un prix de 2,000 francs, qui ont été placés sur l'Etat et qui assurent le service des fondations religieuses demandées par la testatrice.

C'est à cette époque que des modifications assez importantes furent faites à la maison de campagne du séminaire. Le jardin réservé pour les séminaristes fut agrandi par l'adjonction d'un champ voisin, dépendant de la ferme des Hommelets, mais séparé par un chemin communal qu'on obtint l'autorisation de détourner. Un décret du 24 avril 1869 autorisa la ville du Mans à faire concession de cet ancien chemin au séminaire qui s'engageait à en ouvrir un autre. Pour dédommager le fermier des Hommelets du champ qu'on lui prenait pour joindre au jardin d'agrément, le séminaire fit l'acquisition d'un champ voisin, dit de *la Pelice* ou de Saint-Blaise, qu'un décret du 12 juin 1869 autorisa à acheter pour un prix de 3,000 francs (1)

Nous devons retourner un peu en arrière pour faire connaître les mutations survenues dans le personnel des directeurs du séminaire. Au mois d'octobre 1854, deux nouveaux directeurs, MM. Brunet (2) et Boulay (3), revinrent du séminaire de Saint-Sulpice, où l'administration diocésaine les avaient envoyés terminer leurs études théologiques, et ils furent chargés, le premier, du petit cours de théologie, et le second de l'enseignement de la philosophie. M. Charles Fillion, nommé chanoine titulaire et vicaire général honoraire, avait quitté le grand cours et accepté, comme demandant moins de temps, le cours d'écriture sainte, en remplacement de M. l'abbé Saintpère (4), nommé supérieur du collège de Mamers. M. Chanteloup fut chargé du grand cours de théologie avec M. l'abbé Coupris.

Après la mort de M. l'abbé Pointeau, M. l'abbé Chanson, Léon (5), qui terminait sa troisième année de théologie, fut chargé provisoirement du cours de philosophie. L'administration diocésaine l'envoya, pendant l'année scolaire 1854-1855, terminer ses études au séminaire de Saint-Sulpice ; et dès l'année suivante, en octobre

(1) Quelques personnes avaient songé à bâtir dans ce champ une chapelle du Sacré-Cœur et peut-être à y fonder l'orphelinat établi plus tard à St-Pavin. M. Bruneau, supérieur du séminaire, avait été initié à ces projets et l'on avait fait en son nom l'acquisition du champ. C'est lui qui le vendit au séminaire, lequel paya réellement le prix convenu.

(2) M. Brunet François-Victor, né à Sainte-Gemmes-le-Robert, le 28 juillet 1828, resta pendant neuf ans directeur au séminaire. Le 9 décembre 1863, il fut nommé curé de Beaufay, et le 1er novembre 1875, curé-doyen de Marolles-les-Braults.

(3) M. Boulay Victor, né à Piacé le 31 octobre 1829, fut nommé curé de Roëzé en sortant du séminaire, le 27 novembre 1863. Il est aujourd'hui curé-doyen de Ballon.

(4) M. Saintpère Louis-René, né à Oisseau (Sarthe), le 23 août 1821, était vicaire de Brulon lorsqu'il fut appelé au séminaire au mois d'août 1849. En sortant de Mamers, il fut nommé successivement curé de Beaufay, et doyen de Montmirail. Il est aujourd'hui chanoine honoraire, archiprêtre de Bonnétable.

(5) M. Chanson, Léon-Jacques-Louis, né à Sablé le 31 janvier 1831, chanoine honoraire le 4 novembre 1865, sous-supérieur du séminaire du 30 avril 1872 jusqu'au 1er septembre 1878.

1855, elle le rappela au séminaire où il fut chargé pendant plusieurs années d'un cours d'histoire ecclésiastique. En 1865, il remplaça au grand cours de théologie dogmatique M. l'abbé Coupris, qui, ayant été nommé chanoine titulaire, ne conserva que les fonctions de sous-supérieur du séminaire. L'année suivante, le 16 septembre 1866, M. l'abbé Chanteloup fut nommé curé-archiprêtre de Saint-Calais, et remplacé au grand cours de théologie morale par M. l'abbé Lorière (1), professeur d'écriture sainte au grand séminaire, depuis le mois d'octobre 1858. Ce dernier eut lui-même pour successeur M. l'abbé Ragot (2), appelé au séminaire en 1863, et chargé successivement de l'enseignement de la philosophie et du petit cours de théologie.

Au mois d'octobre 1847, M. l'abbé Louvel (3) fut nommé professeur des sciences physiques au séminaire, en remplacement de M. l'abbé Chaligné. Il eut pour successeur, au mois de mars 1858, M. l'abbé Deluard (4), lequel fut ensuite chargé du grand cours de théologie après la mort de M. Lorière, en 1871. M. l'abbé Hamonet (5), professeur au petit séminaire, fut appelé à succéder à

(1) M. LORIÈRE Marin-Auguste, né à Sillé-le-Guillaume, le 24 décembre 1834, fut envoyé à Saint-Sulpice, où il suivit les cours d'hébreu du savant abbé Le Hir, dont il devint un des élèves les plus distingués. M. Lorière avait été nommé chanoine honoraire le 12 novembre 1869. Il est décédé au séminaire le 31 décembre 1870.

(2) M. RAGOT René-François, né à Yvré-l'Evêque, le 13 avril 1835, fut d'abord nommé professeur de rhétorique au petit séminaire de Précigné. Le mauvais état de sa santé le força d'abandonner l'enseignement et d'accepter un préceptorat. La même cause l'obligea plus tard à quitter le séminaire. Mgr Fillion, qui l'honorait d'une estime et d'une affection toute particulière, le nomma curé-doyen de Tuffé le 1er novembre 1870. Dans cette paroisse, comme dans toutes les autres positions qu'il a occupées, M. l'abbé Ragot exerça une heureuse influence par sa haute intelligence, sa science et sa piété. Il est mort au séminaire du Mans, où il s'était retiré malade, le 26 mai 1876.

(3) M. LOUVEL Vital-Louis, né à Gorron, le 22 novembre 1824. En sortant du séminaire. il fut nommé curé de Coulaines. Il est aujourd'hui curé de St-Pavin, au Mans.

(4) M. DELUARD Joseph, né à Bonnétable, le 25 novembre 1834. Nommé chanoine honoraire le 12 novembre 1869, il est aujourd'hui doyen de Fresnay.

(5) M. HAMONET Jules-Henri, né à Thorigné (Sarthe), le 28 novembre 1846, nommé professeur au petit séminaire en octobre 1870 fut rappelé au grand séminaire dès le mois de mars 1871.

M. Deluard et resta chargé du cours des sciences physiques jusqu'au moment où l'on jugea convenable de supprimer ces études, faites déjà au petit séminaire, et de fortifier les études de philosophie, de théologie et de droit canon. Le 20 juillet 1872, M. Deluard ayant été nommé curé-doyen de Fresnay, fut remplacé au grand cours de théologie par M. l'abbé Amédée Gouin (1), lequel avait été successivement chargé du cours de philosophie, en octobre 1865, et l'année suivante du petit cours de théologie.

Pour compléter la série des directeurs du grand séminaire, il nous reste à nommer M. l'abbé Mélisson (2), successivement professeur de philosophie en 1866, du petit cours de théologie en 1872 et enfin du grand cours de théologie en 1876; M. l'abbé Busson (3), chargé en 1867 du cours d'écriture sainte; et enfin M. l'abbé Latouche (4), qui en 1872 remplaça M. Mélisson dans l'enseignement de la philosophie.

Après la mort de M. l'abbé Bruneau, survenue le 20 avril 1872, M. Coupris, depuis longtemps directeur puis sous-supérieur du séminaire, fut mis à la tête de cette maison par Mgr Fillion, le 30 avril 1872 Le même jour, M. l'abbé Léon Chanson fut nommé sous-supérieur.

(1) M. Gouin Amédée-Adolphe, né à Ségrie, le 10 juin 1839, vicaire à la Ferté-Bernard, le 6 octobre 1863. M. Gouin est aujourd'hui chanoine honoraire et sous-supérieur du grand séminaire.

(2) M. Mélisson Alfred-Jules, né à Parigné-l'Evêque, le 21 septembre 1842. Nommé d'abord professeur au petit séminaire en octobre 1864, M. Mélisson fut appelé au grand séminaire deux ans après. Il est aujourd'hui curé de Coulans.

(3) M. Busson Gustave, né à Loué, le 4 janvier 1844, après avoir été pendant une année professeur au petit séminaire, fut envoyé à Saint-Sulpice en octobre 1866 pour y terminer ses études théologiques et se préparer à l'enseignement de l'écriture sainte au grand séminaire, où il fut appelé en octobre 1867.

(4) M. Latouche Arthur-Almire-Marie, né au Mans, paroisse de Notre-Dame de la Couture, le 18 juillet 1843, a été successivement professeur au petit séminaire, vicaire de la Cathédrale et directeur au séminaire.

CHAPITRE XXII

Le séminaire pendant la guerre de 1870-1871. — Mort de Mgr Fillion.

Au mois de juillet 1870, éclata entre la France et la Prusse la funeste guerre dont personne ne pouvait prévoir qu'une des conséquences serait l'envahissement de nos provinces de l'Ouest, si éloignées du théâtre ordinaire de la guerre contre l'Allemagne. Le séminaire du Mans eut donc sa part des épreuves réservées plus spécialement aux contrées qui furent le témoin des combats et de l'invasion ennemie.

Au moment où la guerre fut déclarée, l'organisation des gardes nationales mobiles était à peine ébauchée. Le 12 août 1870, un décret impérial les appela à l'activité ; et le 18 août suivant, chacun des bataillons de cette armée de réserve se réunissait au chef-lieu de son arrondissement pour qu'on leur distribuât des habillements et des armes, et qu'on les formât ensuite aux premiers exercices de la vie militaire. Les trois bataillons du Mans, de la Flèche et de Saint-Calais, après leur réunion préalable aux chefs-lieux d'arrondissements, formèrent un régiment, le 33e mobile, qui prit une noble part à la défense de notre malheureuse patrie. La ville du Mans fut bientôt complètement envahie par ces nouveaux soldats ; les casernes étaient insuffisantes pour les loger et l'on dût les placer chez les habitants.

Les divers établissements publics furent utilisés pour un besoin si pressant. Comme les séminaristes se trouvaient en vacances, les vastes bâtiments de Saint-Vincent ne tardèrent pas, pour une notable partie, à être transformés en caserne.

Les premiers soldats qui y trouvèrent un asile, furent les débris du régiment de cuirassiers lancés sur l'ennemi à la fin de la bataille de Reischoffen, pour faciliter la retraite de l'armée française. Ils furent remplacés par les mobiles de la Sarthe. Ceux-ci y restèrent jusqu'à la fin du mois de septembre, époque où ils furent envoyés sur la frontière du département pour s'opposer aux Prussiens, qui bloquaient Paris et s'étaient emparés de la ville de Chartres. Les francs-tireurs de la Sarthe, organisés par M. de Foudras, vinrent occuper le séminaire après les mobiles, et ils y conservèrent assez longtemps leur dépôt d'armes (1).

La conséquence inévitable de cette accumulation de troupes fut la multiplicité des maladies. A cette époque, les salles militaires de l'hôpital du Mans ne contenaient que 70 lits : ce nombre était évidemment insuffisant, même pour les simples malades, et l'on pouvait prévoir que de nombreux blessés nous arriveraient par suite des évacuations successives des hôpitaux plus rapprochés du théâtre de la guerre. « Le séminaire, dit M. Mordret (2), donna le premier l'exemple du patriotisme. Dès le 22 septembre, il avait, sur ma demande, ouvert à ses frais une salle de 30 lits; puis il augmenta successivement son ambulance, et pendant les quatre derniers mois il reçut jusqu'à 130 malades, sans avoir jamais accepté aucune indemnité. »

Un peu plus tôt que ne le dit M. le docteur Mordret, dès le mois

(1) A cette même époque le séminaire donna l'hospitalité aux membres de deux ambulances de la Presse de Paris, revenant de Sedan. L'une avait pour aumônier M. l'abbé Blanc, vicaire de Sainte-Madeleine à Paris ; la seconde, M. Dulong de Rosnay, aujourd'hui vicaire général de Monseigneur l'évêque de Laval. Un peu plus tard le séminaire reçut aussi et logea assez longtemps deux aumôniers des zouaves pontificaux, le R. P. Doussot, dominicain, et M. l'abbé Legal, vicaire à Hennebont, diocèse de Vannes.

(2) *Rapport sur le service militaire de santé dans la ville du Mans*, par le Dr Mordret, p. 9.

de juillet 1870, Mgr Fillion avait offert à l'autorité militaire de recueillir quelques malades ou blessés dans son grand séminaire, devenu libre par le fait des vacances scolaires. Cette proposition, qui d'abord ne paraissait pas répondre à un besoin bien pressant, fut renouvelée au mois d'août et acceptée alors avec empressement. De concert avec M. Conseillant, sous-intendant militaire, et M. le docteur J. Le Bèle, médecin du seminaire, on fit choix de la salle de récréation, dite *salle des piliers*, pour y établir une ambulance. Une parfaite aération, un sol à l'abri de l'humidité rendaient ce vaste local parfaitement propre à ce nouveau service. Quarante lits y furent installés ; et un peu plus tard, un fourneau établi dans l'une des grandes cheminées, compléta l'ameublement de cette salle.

Cette installation suffit tout d'abord. Mais après nos premiers désastres, quand le théâtre de la guerre se rapprocha du Mans, les malades et les blessés y affluèrent dans des proportions inouïes. « Les « ambulances, dit le docteur Mordret dans l'ouvrage que nous avons « déjà cité (1), étaient remplies. L'hôpital regorgeait à ce point, « qu'on avait dû étendre de la paille dans le vestibule d'entrée, et « que chaque jour 60 ou 80 malades attendaient sur cette paille « qu'un lit pût les recevoir. Pour plusieurs, la mort arrivait la « première. Ce spectacle était navrant ; et pourtant ces malheureux « étaient encore moins à plaindre, peut-être, que ceux qui restaient « aux grandes ambulances, car ils recevaient au moins des soins « dévoués de la part des sœurs, et ils ne manquaient que d'un lit »

L'ambulance du séminaire, par son organisation et par les ressources qu'offraient ses vastes appartements et son personnel, demeura pendant tout le temps de la guerre une des ambulances de la ville du Mans où les malades et les blessés furent le mieux soignés.

A la salle des piliers on ajouta successivement une salle toute voisine dans le bâtiment neuf, puis le réfectoire du séminaire (2),

(1) P. 13.

(2) Un poêle fut établi au milieu du réfectoire pour chauffer et aérer cette grande pièce. On dut percer la voûte pour faire sortir le tuyau dans une des cheminées des cellules du premier étage.

et enfin toute la partie du premier étage située au-dessus de la salle des conférences. Cette dernière ambulance fut spécialement affectée aux malades venant du régiment des zouaves pontificaux, qui étaient soignés par un médecin appartenant à leur corps.

Le nombre des lits mis au service de l'ambulance s'éleva ainsi successivement jusqu'à 130 ; et comme le séminaire n'avait pas un matériel assez considérable, il fut obligé de demander un supplément de literie au petit séminaire de Précigné. Constamment tous ces lits furent remplis, et souvent l'on se vit dans la dure nécessité de refuser une place à de pauvres malades qui se présentaient. Dans le commencement, il avait été décidé qu'on ne recevrait pas de sujets atteints de maladies contagieuses, surtout de la petite vérole qui fit tant de ravages à cette époque. Mais de bonne heure, en présence de tant de misères, les portes de l'ambulance du séminaire furent ouvertes à tous ceux qui y étaient envoyés régulièrement.

Le nombre des malades admis au grand séminaire fut de 986 (1). La mortalité ne fut pas excessive, relativement à ce grand nombre de malades, et aux conditions si mauvaises du terrible hiver de 1870-1871. On y pratiqua des amputations sur quatre sujets et deux furent sauvés. Le chiffres des morts fut de 71 ; et il y en eut jusqu'à 8 le même jour à la fin du mois de décembre 1870. Tout d'abord, les soldats décédés étaient accompagnés au cimetière par des séminaristes et des soldats appartenant au même corps ; mais de bonne heure on reconnut l'impossibilité de rendre à tous les morts les mêmes honneurs. Quand un malade avait rendu le dernier soupir, on transportait son corps dans la grande salle du parloir. Une voiture venait le prendre et le transporter à l'église de l'hôpital où le service

(1) On n'admit que 13 varioleux au séminaire, et grâce aux précautions prises, la contagion ne s'y répandit pas parmi les autres malades : 873 fiévreux et 100 blessés. Le nombre des journées de malades s'éleva à 9,515 depuis le mois d'août 1870 jusqu'au 12 mars 1871 que l'ambulance fut évacuée. L'indemnité allouée par l'État aux ambulances était seulement de 1 fr. 25 par jour, et elle était évidemment insuffisante. Le séminaire persévéra pendant toute la guerre à ne réclamer de l'État aucune indemnité : il accepta seulement 5,000 francs, sur les fonds que les catholiques anglais avaient mis à la disposition de Mgr Fillion pour soulager les souffrances causées par la guerre.

religieux se faisait parfois sur une centaine de morts amenés ainsi de diverses ambulances (1).

M. le docteur Mordret avait accepté tout d'abord le soin de l'ambulance du séminaire; il dut bientôt s'en décharger sur le docteur Hervé, autrefois médecin à la Ferté-Bernard, retiré au Mans depuis quelques années. Ce dernier fut lui-même aidé, au mois de janvier, par M. le docteur Abot, médecin militaire. MM. les directeurs du séminaire remplirent auprès des malades les fonctions d'aumôniers. Des séminaristes furent attachés comme infirmiers à chacune des salles de l'ambulance et prodiguèrent leurs soins aux malades, sous la direction des sœurs de la Providence de Ruillé-sur-Loir, chargées depuis plusieurs années de l'infirmerie du séminaire, et dont le nombre fut augmenté pour faire face à des besoins si urgents.

Ce ne fut pas seulement dans l'ambulance du séminaire que les élèves de cette maison purent donner les preuves de leur charité et de leur abnégation. « Monseigneur l'évêque et M. le Supérieur du séminaire, dit encore M. le docteur Mordret (2), me donnèrent à discrétion des séminaristes et des Sœurs de charité pour servir d'infirmiers et d'infirmières; le dévouement qu'ils ont montré dans l'accomplissement de ces pénibles fonctions est au-dessus de tout éloge. »

Au commencement de la guerre, les ennemis de l'Eglise avaient réclamé à grands cris qu'on obligeât les séminaristes à prendre les armes. Mgr Fillion ne voulut pas donner les mains à une mesure bien inutile, puisqu'on pouvait à peine armer et organiser les soldats appelés sous les armes, et évidemment inspirée par les passions

(1) Le jour de la prise du Mans, 12 janvier, on fut obligé d'inhumer dans une charmille du séminaire deux cadavres, qu'on n'avait pu faire transporter à l'hôpital, et qui tombaient en décomposition.

(2) *Rapport*, p. 11. Les principales ambulances où furent utilisés les séminaristes furent celles du Dépôt de Mendicité, de l'usine Barry, des maisons Mitsche, Poulain, Vallée, Lecouteux et enfin celle du boulevard Négrier. Au moment de la prise du Mans, les séminaristes qui se trouvaient dans cette ambulance coururent de sérieux dangers. On les accusa de s'être mêlé au combat livré à la Croix-de-Pierre. M. l'abbé Deshayes, directeur de l'ambulance, fut arrêté et menacé d'être fusillé. Les instances de Mgr Fillion, de l'administration municipale et de M. le docteur Mordret, parvinrent, non sans peine, à l'arracher des mains des Prussiens.

irréligieuses. Cependant il ne refusa pas, à ceux des séminaristes qui en témoignèrent le désir, l'autorisation de prendre les armes et de combattre, plus activement que dans les ambulances, pour la France envahie. Une vingtaine d'élèves, non encore dans les ordres sacrés, se sentirent cette vocation militaire.

Après le premier désastre d'Orléans, le séminaire du Mans avait reçu des hôtes qu'il accueillit avec une faveur toute particulière et dont il a gardé le meilleur souvenir. Les zouaves pontificaux, chassés de Rome par les Piémontais, étaient rentrés en France. M. de Charette, leur colonel, offrit leurs services au gouvernement de la Défense nationale, qui l'autorisa à reconstituer son régiment sous le nom de *Volontaires de l'Ouest;* mais le nom de zouaves pontificaux resta populaire, et ils le rendirent à jamais glorieux par leur intrépidité à Patay et à Auvours.

Le premier bataillon fut reçu au collège de Sainte-Croix, ouvert depuis quelques semaines seulement par les PP. Jésuites, et qui, par suite des événements politiques, ne comptait que quelques douzaines d'élèves. Le second bataillon vint se loger au séminaire; et, bientôt après, on y organisa le troisième bataillon, dans les rangs duquel trouvèrent place beaucoup de postulants ou novices des diverses congrégations religieuses de frères de Bretagne, que la loi militaire appelait sous les armes. Les deux premiers bataillons, formés surtout d'anciens zouaves pontificaux, furent promptement organisés et en état de prendre part à la lutte. Le troisième bataillon fut plus lent à se former et il resta plus longtemps au séminaire. Son effectif devint cependant bientôt très élevé. Les hommes couchaient dans les corridors; les sous-officiers et quelques officiers, ainsi que les bureaux, étaient installés dans des cellules. La cuisine se faisait au rez-de-chaussée du bâtiment neuf, dans un petit cabinet destiné primitivement à devenir un laboratoire de chimie. Le séminaire avait pris toute l'apparence d'un quartier militaire : les cours servaient pour les manœuvres, et tous les services d'ordre ou de propreté se faisaient par corvées militaires.

Mais l'esprit religieux qui animait ces généreux soldats, donnait une physionomie toute particulière à cette réunion militaire. Après l'appel du soir, on faisait la prière dans les corridors ; puis la plupart des hommes descendaient à la salle des conférences pour y recevoir la bénédiction du saint Sacrement. Le caractère religieux de ces nouveaux soldats, leur excellente discipline, déterminèrent les séminaristes, dont nous avons parlé, à entrer dans leurs rangs pour le temps de la guerre. Plusieurs se trouvèrent mêlés à de sanglantes affaires, où cependant aucun ne succomba.

La présence des zouaves pontificaux au séminaire n'empêchait pas d'y recevoir d'autres corps de troupes. On y vit successivement passer le bataillon des mobiles de Mamers et un certain nombre de compagnies de ligne, appartenant à des régiments de marche. Dès la fin d'octobre, il était devenu impossible de fournir à ces pauvres soldats même une paillasse ; tous les objets de literie étaient utilisés pour l'ambulance. Les hommes couchaient sur la paille partout où ils pouvaient trouver un abri, plus heureux encore que leurs camarades qui bivouaquaient sur la place des Jacobins, dans la boue et la neige. Leurs feux de cuisine étaient allumés le long des cours, où pendant plusieurs années on en put voir la trace.

Le séminaire eut quelques jours de répit au commencement du mois de décembre. Toutes les troupes composant le 21e corps d'armée s'étaient concentrées du côté d'Orléans. Mais à la fin du mois et pendant les fêtes de Noël, quand l'armée du général Chanzy eut au Mans son quartier général, l'encombrement fut à son comble. On compta près de 3,000 hommes logés à Saint-Vincent, appartenant aux mobiles du Nord, à ceux de la Mayenne et à des mobilisés de la Bretagne venant du camp de Conlie. Pas une place ne restait inoccupée : on avait utilisé l'ancienne bibliothèque, dans les mansardes du troisième étage, les parloirs et leurs cloîtres, les paliers des escaliers et enfin l'église elle-même. Les messes se célébraient dans la petite chapelle attenant à la salle des conférences. Cette dernière salle servit aussi, dans les dernières nuits : de pauvres soldats s'étendaient sur les bancs, et y trouvaient quelques instants de repos.

Tout ce flot s'écoula au commencement du mois de janvier. Les troupes allèrent prendre position à quelque distance de la ville du

Mans. Après les combats des 10, 11 et 12 janvier, dans leur retraite précipitée, elles ne s'arrêtèrent point au séminaire. Pendant le combat qui eut lieu à la Croix-de-Pierre, quelques coups de fusils furent tirés sur le séminaire, mais sans blesser personne. Le soir du 12 janvier, les Prussiens vainqueurs, vinrent frapper à la porte de Saint-Vincent avec menace de l'enfoncer ; mais ils se retirèrent, quand ils eurent constaté que le séminaire ne renfermait qu'une ambulance. Le lendemain, ils vinrent enlever les armes de tous les soldats malades, et ils les brûlèrent au milieu de la rue Germain-Pilon. Pendant toute l'occupation allemande, le séminaire n'eut pas trop à souffrir de nos ennemis. Ils placèrent seulement dans cette ambulance quelques malades qui y furent soignés par leurs propres médecins ; et ils ne tardèrent même pas à les retirer pour les réunir à tous leurs autres malades ou blessés dans leurs ambulances exclusivement prussiennes. Le séminaire, étant reconnu comme ambulance régulière, n'eut pas à loger de soldats prussiens pendant tout le temps que l'armée ennemie occupa la ville du Mans.

L'évêché du Mans ne jouit pas de la même faveur. Plusieurs officiers prussiens y furent successivement logés, et à la fin du mois de janvier toute une compagnie s'y installa et y séjourna deux jours. On avait dû mettre ces soldats dans les mansardes. A peine avaient-ils quitté le Mans, qu'un terrible incendie, dû à leur imprudence, éclata à l'évêché. Quand on s'en aperçut, le 1er février 1871, le feu couvait déjà depuis plus de douze heures, et il eut bientôt envahi toute la maison.

« Tout ce qui pouvait intéresser Mgr Fillion dans sa demeure périt sans retour en cet affreux désastre. Les archives de sa vie entière, les travaux manuscrits, les effets personnels, les correspondances, les souvenirs que chaque année laisse après elle, furent avec deux précieuses bibliothèques la proie de l'incendie ». Calme et résigné en face de ce feu qui dévorait tout ce qu'il avait de précieux et qui vint atteindre jusqu'au chapeau dont sa tête était couverte, il ne prononça pas une parole de plainte (1) »

(1) *Oraison funèbre de Mgr Fillion*, par Monseigneur l'évêque de Poitiers, p. 21.

Le vénérable prélat se retira au séminaire où il retrouva les appartements qu'il avait occupés autrefois pendant qu'il était vicaire général. Il prit ses repas dans le salon qui servait de réfectoire à MM. les directeurs du séminaire et aux séminaristes employés à l'ambulance.

Mgr Fillion resta au séminaire jusqu'au 27 mai 1871, veille de la Pentecôte, jour où il alla s'installer dans une maison de la rue des Chanoines, louée pour lui servir de demeure provisoire en attendant la reconstruction de l'évêché. La divine Providence devait lui refuser la consolation de rentrer dans ce nouvel évêché. Le 13 avril 1874, la veille même du jour fixé pour l'inauguration solennelle du monument élevé sur le plâteau d'Auvours, il fut atteint d'une violente attaque de paralysie. Cependant le vénérable malade eut un moment de répit. Comme la maison de la rue des Chanoines n'avait aucune dépendance extérieure, les médecins jugèrent indispensable que Mgr Fillion pût s'installer pendant l'été à la campagne. Les vacances du séminaire avaient rendu complètement disponible la maison de campagne des Hommelets, que son admirable position sur un plateau très élevé et sa proximité du Mans rendaient propre au but qu'on se proposait. Mgr Fillion vint s'y établir pour y passer la nuit et une partie de ses journées. Chaque jour il pouvait revenir au Mans pour le dîner de midi; et tous les soirs plusieurs ecclésiastiques ou quelques autres personnes allaient visiter l'auguste malade, dont la patience et la résignation étaient admirables, malgré les privations et la gêne qu'entraînait une organisation provisoire et par suite bien défectueuse.

La mort du vénérable prélat survenue dès le 28 juillet 1874, ne permit pas de songer à une installation plus confortable. Son corps fut embaumé et transporté au séminaire pour être exposé dans la chapelle de cet établissement, en attendant les honneurs de la sépulture ecclésiastique qui devait se faire dans les caveaux de la cathédrale. Une admirable disposition de la divine Providence assimilait les obsèques de Mgr Fillion à celles de Mgr Bouvier. Ces deux évêques du Mans, choisis l'un et l'autre parmi les directeurs du séminaire, y reçurent ainsi tous les deux une dernière fois l'hospitalité après leur mort.

Malgré sa brièveté, notre vie se trouve mêlée de deuils et de joies. A plus forte raison en est-il ainsi des monuments qui semblent destinés, pendant de nombreuses générations, à être les témoins de nos épreuves comme de nos consolations. Quelques mois plus tard, le 2 février 1875, le séminaire du Mans recevait le nouvel évêque du Mans, Mgr Hector-Albert Chaulet-d'Outremont, lequel, après une entrée vraiment triomphale dans sa ville épiscopale, avait désiré réunir au séminaire, dans des agapes fraternelles, les nombreux ecclésiastiques venus pour cette cérémonie. Par ce choix Sa Grandeur donnait une preuve de l'intérêt qu'en toute occasion Elle n'a cessé de montrer pour le séminaire diocésain, fondement et soutien de la vie chrétienne dans le diocèse.

Bien des fois, pendant ce long travail, en rappelant le nom des bienfaiteurs du séminaire et en pensant à tant de personnes généreuses qui n'ont voulu avoir que Dieu seul pour témoin de leur charité, nous avons répété la belle prière que chaque jour l'Église met à la fin de chaque repas sur les lèvres et dans le cœur des élèves du séminaire. *Retribuere dignare, Domine, omnibus nobis bona facientibus propter nomen tuum vitam æternam.* Daignez, ô mon Dieu, accorder pour récompense la vie éternelle à tous ceux qui nous ont fait du bien en votre nom.

APPENDICE [1]

NOTICE SUR LE PETIT SÉMINAIRE DE PRÉCIGNÉ

I. Le petit séminaire diocésain du Mans occupe, dans la paroisse de Précigné, l'emplacement d'un ancien domaine seigneurial, le fief de la Salle, dont les possesseurs ont joui d'une certaine notoriété parmi les familles nobles de l'Anjou.

Le 9 juin 1610, Urbain de Laval, seigneur de Sablé, donna ce fief aux religieux Cordeliers de la province de Touraine, qui, au nombre de huit, vinrent s'y établir le 5 septembre suivant. Ce sont ces religieux qui ont bâti la chapelle, où leur fondateur fut enterré, le 27 mars 1629. Ils approprièrent aussi les bâtiments à leur nouvelle destination, et ils en ajoutèrent d'autres. Un siècle et demi plus tard, ne se trouvant plus en état de remplir les conditions qui leur avaient été imposées par le donateur, les Cordeliers rendirent la maison, par une transaction en date du 7 septembre 1769. Le représentant des premiers fondateurs était alors M. Jean-Baptiste-Joachim de Colbert, marquis de Croisy-Torcy, Sablé, Bois-Dauphin, comte de Précigné, seigneur de Pincé et autres lieux, lequel remit aux Cordeliers une somme de deux mille livres pour les dédommager des travaux faits dans la maison et qui en avaient augmenté la valeur.

Il est facile encore aujourd'hui de se rendre compte de ce que pouvait être le couvent des Cordeliers. L'enclos était considérable,

(1) Voir *supra*, page 60. Nous reproduisons la *Notice* que nous avons publiée en 1866 sur le petit séminaire de Précigné, en faisant quelques additions à ce travail qui nous a paru le complément de notre étude sur les séminaires.

et les acquisitions faites par MM. Bellenfant et Bouttier ne l'ont pas augmenté sensiblement. Les bâtiments avec la chapelle formaient un carré à peu près parfait. Comme dans toute communauté, dans l'intérieur de ce carré il y avait une cour avec des cloitres, dont on peut encore aujourd'hui apercevoir quelques traces, et dans cette cour un puits, dont la charpente était supportée par quatre piliers de bois et qui était couvert en ardoises.

II. Il existait à Précigné un collège dirigé par M. l'abbé Colombeau, prêtre, lequel, aidé de quelques régents, faisait l'école primaire et enseignait les éléments de la langue latine. Plusieurs de nos lecteurs seront sans doute surpris d'entendre parler d'un collège proprement dit dans une paroisse rurale, qui certainement n'en posséderait pas aujourd'hui si le petit séminaire était transféré ailleurs. Ce qui se trouvait à Précigné existait en bien d'autres lieux. Nous sommes trop portés à nous faire illusion sur les progrès en tous genres du siècle où nous vivons, et à croire que tout était ignorance et ténèbres dans ceux qui nous ont précédés. Malgré les louables efforts faits depuis quelques années pour instruire la jeunesse, nous pouvons assurer que, si l'instruction primaire est plus commune, notre pays offre moins de ressources qu'avant la Révolution pour les études littéraires. Grâce à la munificence des évêques du Mans, les collèges de Bayeux, de Séez et du Mans, et celui du Bueil, fondés près des célèbres universités de Paris et d'Angers, offraient un grand nombre de bourses aux élèves qui allaient suivre les cours de ces universités. Sans compter de nombreuses et florissantes institutions pour l'instruction secondaire, établies dans toutes les principales villes du Maine, il existait dans le diocèse, sous le nom de petits collèges, plus de cent bénéfices ecclésiastiques fondés et convenablement dotés par divers bienfaiteurs, appartenant la plupart au clergé (1). Le titulaire de ces bénéfices devait être prêtre : il avait le titre de principal, et il était obligé

(1) Voir le tableau général des établissements d'instruction publique fondés avant la Révolution dans le diocèse du Mans, (M. Cauvin, page 100), et le travail de M. Bellée sur le même sujet.

de faire gratuitement l'école aux enfants pauvres et d'apprendre les éléments de la langue latine à ceux qui annonçaient plus de dispositions.

Les principaux étaient souvent aidés par un ou plusieurs maîtres, suivant l'importance de leur maison. Tel était le collège de Précigné qui, pour dotation, jouissait de quelques vignes et de champs, et qui, en outre, possédait plusieurs rentes.

La Révolution n'a pas épargné ces établissements si utiles. Nous luttons péniblement aujourd'hui pour réparer tant de ruines; et nous savons ce qu'il en coûte aux habitants de nos campagnes pour élever des maisons d'école et entretenir les instituteurs. Ces pieuses munificences de la charité chrétienne sont perdues. La Révolution s'est faite en apparence au profit des classes pauvres : et cependant nous savons combien il est difficile aujourd'hui à des parents peu aisés de donner à leurs enfants une instruction complète, qui autrefois se trouvait presque toujours à leur portée.

M. l'abbé Colombeau, trouvant une occasion favorable, acheta le 28 août 1776, de M. de Colbert, pour 6,500 fr., l'ancien couvent des Cordeliers pour y transporter son collège qui prit une plus grande extension. Il y reçut de soixante à soixante-dix pensionnaires. Malheureusement, la Révolution vint arrêter ces succès. M. l'abbé Colombeau, propriétaire du collège, continua d'y habiter, même pendant les plus mauvais jours de la Terreur, et d'y recevoir des élèves, auxquels il faisait la classe. Il ne cessa ses fonctions qu'en 1806, forcé par l'âge et les infirmités. Il mourut à Précigné, en 1816.

III. L'ancienne communauté des Cordeliers semblait vouée à une prochaine destruction, comme tant d'autres maisons religieuses bien plus illustres qui à cette époque tombèrent sous le marteau des démolisseurs. La divine Providence lui réservait au contraire de nouveaux jours de prospérité en la destinant à devenir le berceau de nombreuses générations d'élèves du sanctuaire.

M. l'abbé Horeau, principal du collège de Château-Gontier, cherchait précisément à cette époque une maison qui pût servir d'annexe à son collège. Après quelques tentatives pour acheter l'ancien prieuré des Bénédictins de Solesmes, il arrêta son choix sur l'ancien collège de Précigné. Mlle Colombeau, sœur de l'ancien principal, et MM. Hourdry et Géhère, ses neveux, lui vendirent cette maison et ses dépendances, le 10 décembre 1816, pour un prix de 7,800 fr., heureux de réaliser par là le désir de M. l'abbé Colombeau, qui avait si vivement souhaité de voir continuer le collège, auquel il avait consacré toute sa vie.

M. l'abbé Horeau s'empressa de faire restaurer complètement les bâtiments, qui furent exhaussés d'un étage en forme de mansarde : il envoya de Château Gontier le mobilier nécessaire pour la maison et pour les classes. Au printemps de 1817, M. l'abbé Jouin (1), qui était chargé au collège de Château-Gontier du cours élémentaire de français, vint à Précigné commencer l'école primaire dans le nouvel établissement. Pour supérieur de cette maison, M. l'abbé Horeau fixa son choix sur M. l'abbé Bellenfant, alors vicaire de Luché.

M. Claude Bellenfant, était né au Lude, le 31 mars 1792; il avait commencé, dans cette ville, ses études ecclésiastiques, et il y avait même reçu la tonsure, en 1806; il était allé achever ses humanités au collège de Château-Gontier, où M. l'abbé Horeau avait su l'apprécier.

M. l'abbé Bellenfant était, depuis deux ans seulement, vicaire de Luché, et il avait montré le plus grand dévouement dans l'exercice du saint ministère, surtout pendant le cours d'une épidémie qui avait ravagé cette paroisse. Aussi son souvenir s'y est-il conservé longtemps. Il était donc encore bien jeune quand il fut appelé à fonder le collège de Précigné : mais la suite fit voir que l'on ne pouvait faire un meilleur choix. C'est à la paternelle et si sage administration du jeune principal que le petit séminaire de Précigné doit la prospérité à laquelle il est parvenu.

Par une singulière conduite de la divine Providence, M. l'abbé

(1) M. Jouin était né à Précigné où habitait sa famille. C'est lui qui fit connaître à M. Horeau l'ancien collège de M. Colombeau comme très convenable pour y établir une maison d'éducation. Voir les *Souvenirs* de M. le chanoine Persigan. *Semaine religieuse* 1875-1876, page 658.

Bellenfant, vicaire de Luché, s'était trouvé à Précigné au moment des obsèques de M. l'abbé Colombeau ; et il présida à la sépulture de l'ancien principal, bien loin de se douter que quelques mois plus tard il serait appelé à continuer l'œuvre interrompue de M. l'abbé Colombeau.

IV. « M. l'abbé Bellenfant (1) arriva à Précigné le 14 septembre 1817. Il y trouva MM. Jouin et Houllière et MM. les abbés Godin et Foucher qui avaient commencé à donner des leçons à dix ou douze élèves, lesquels s'étaient réunis à Précigné dans l'espérance de voir des cours réguliers s'organiser dans cette maison. En effet, à la Toussaint de cette année 1877, M. l'abbé Bellenfant, autorisé par l'Académie, ouvrit le pensionnat qui se trouva composé cette première année de quarante-huit pensionnaires et d'une dizaine d'externes pour le latin, et de vingt-cinq à trente enfants du bourg de Précigné pour l'école primaire. Sur ce nombre de quarante-huit pensionnaires, M. le principal de Château-Gontier avait envoyé une petite colonie de sa maison, composée de vingt-cinq à trente élèves, afin que notre pensionnat pût être de suite en plein exercice. Il se trouva ainsi des élèves dans toutes les classes, jusqu'à la quatrième inclusivement. M. l'abbé Godin fut chargé de la quatrième et de la cinquième ; M. Houllière de la sixième et de la septième ; M. l'abbé Foucher des classes élémentaires ; et M. Jouin de l'école primaire. Il y eut à la fin de cette première année des exercices publics et une distribution solennelle des prix, auxquels furent invités et assistèrent les autorités de Précigné et le clergé des environs.

« A la rentrée de la seconde année, qui eut lieu le 3 novembre 1818, la maison reçut soixante-douze pensionnaires. Il y eut deux régents de plus, M. Vallée de Lassay et M. Paumard de Laval. La maison n'eut encore cette année que le titre de simple pension, et

(1) Nous remplaçons notre rédaction primitive par un extrait de la *Notice sur le petit séminaire*, faite par M. l'abbé Bellenfant et qu'on a bien voulu nous communiquer. Cette *Notice* est entièrement écrite de la main de M. Bellenfant, et il est facile d'en reconnaître l'auteur, malgré le style indirect adopté dans ce récit.

selon les règlements universitaires les classes se bornèrent à la quatrième. Les élèves de cette classe de l'année précédente furent tous au collège de Château Gontier continuer leurs études.

« M. l'abbé Bellenfant avait fait à la fin de l'année des démarches auprès de l'Académie pour obtenir que la maison fût élevée au titre et rang d'*Institution;* mais ces démarches furent infructueuses. A cette époque, M. le principal du collège de Château-Gontier avait d'assez grandes difficultés avec l'Académie. Celle-ci, d'un autre côté, voyait d'un mauvais œil l'établissement que M. Horeau voulait fonder à Précigné, et se montrait peu disposée à le favoriser. Aussi M. l'abbé Bellenfant fut-il obligé de faire plusieurs voyages à Angers au moment de la rentrée des classes, et il eut peine à obtenir le *duplicata* du diplôme de bachelier ès lettres qu'il avait reçu au Mans, en 1814, à la suite de son cours de philosophie, et qui alors se trouvait égaré. Enfin, à force d'instances et de protections, il obtint provisoirement d'ouvrir les classes, et dans le cours de l'année, le *duplicata* du diplôme et le diplôme lui-même lui furent envoyés.

« Dans le cours de cette année, M. Horeau continua de pourvoir à toutes les dépenses de l'organisation du nouvel établissement qu'il venait de fonder, et ces dépenses atteignirent au moins 50,000 francs. Il fit réparer la chapelle qui depuis longues années servait de magasins pour le bois de chauffage et autres objets. Il y fit transporter de Château-Gontier l'autel qu'on y voit maintenant, qu'il avait acheté à l'ancienne communauté du Buron et fait élever d'abord dans l'ancienne église qui touche le collège. Malgré les prières et les vives réclamations des autorités et des personnes influentes de la ville qui voyaient avec peine ce morceau précieux s'éloigner, M. le principal, à qui il appartenait, persista à le faire transporter à Précigné, et à le faire monter de suite dans la chapelle du nouveau collège par les ouvriers qui l'avaient démonté et qu'il envoya exprès à Précigné. Il fit également réparer, par M. Desbouillons de Château-Gontier, l'ancien tabernacle de l'église des Cordeliers, qui depuis la suppression de cette communauté était resté dans la sacristie de l'église de Précigné, où il tombait en pièces. Les différents morceaux en furent recueillis avec soin ; et après les réparations et la nouvelle dorure il fut estimé 1,500 francs (1).

« De plus, M. le principal fit bâtir la buanderie, le bâtiment dit de la boulangerie et de la lingerie, les classes pour l'école primaire situées proche l'habitation du portier, les étables et l'écurie. Les grandes dépenses nécessitées par ces diverses constructions ne l'empêchèrent pas d'envoyer encore dans le cours de cette année une grande quantité de mobilier à l'usage des maîtres, des élèves et des domestiques de la maison. Il fit également présent de tous les objets nécessaires à la chapelle, c'est-à-dire quatre chasubles, six chapes, deux calices, du linge, etc. »

V. Le nom de M. Horeau est venu si souvent dans notre récit en parlant de la fondation du petit séminaire de Précigné, qu'il nous est impossible de ne pas nous arrêter quelques instants à faire connaître ce vénérable prêtre.

Il naquit en 1737, à la Jumelière, paroisse du diocèse d'Angers, d'où étaient sortis MM. Gilles et Pierre Marais, prêtres, fondateurs et successivement principaux du collège de Château-Gontier. M. Horeau y fut élevé gratuitement depuis l'âge de sept ans; et, après avoir fait ses études théologiques au séminaire d'Angers, il revint au collège de Château-Gontier comme professeur. En 1778, étant préfet des études, il fut choisi pour principal de ce collège, qui sous son habile direction prit une vie toute nouvelle. La confiance des parents dans le nouveau principal était si grande que, dès la première année, quatre-vingt-dix-neuf pensionnaires nouveaux lui furent présentés. Pendant la Révolution, M. Horeau et tous ses collaborateurs refusèrent de prêter serment à la constitution civile du clergé : le collège fut licencié, et lui, arrêté et détenu à Rambouillet, avec

(1) Ce tabernacle avait été donné par Abel Servien, surintendant des finances sous Louis XIV, chancelier de l'Ordre du Saint-Esprit, membre de l'Académie française, qui, en 1632, avait acheté la seigneurie de Bois-Dauphin et de Précigné, et qui fut un des bienfaiteurs du couvent des Cordeliers. Il avait été transporté dans la chapelle provisoire du petit séminaire ; malheureusement il n'a pu retrouver sa place dans la nouvelle chapelle. — Voir *les Cordeliers de N.-D. de la Salle*, par M. l'abbé Ledru, *Revue historique du Maine*, t. Ier, p. 182.

un grand nombre de prêtres de la Mayenne, eut l'honneur de souffrir pour la foi.

En 1803, sur les vives instances du maire et des habitants de Château-Gontier, M. l'abbé Horeau consentit à reprendre la direction du collège. Les bâtiments tombaient en ruine ; la ville fit les réparations les plus urgentes, et le principal fournit le matériel du collège qui ne tarda pas à reprendre tout son ancien lustre. Pendant longtemps cette maison fut une des plus célèbres de la contrée, et elle compta un très grand nombre de pensionnaires.

M. Horeau administrait avec la plus stricte économie ; et les professeurs ne recevaient que de très modestes honoraires. Mgr Bouvier, qui avait commencé par professer un cours très élémentaire, ou, comme il le disait quelquefois en plaisantant, *les belles lettres*, mais qui était bientôt devenu professeur de philosophie, et qu'on avait chargé des catéchismes et des instructions religieuses à faire aux élèves, ne reçut jamais plus de 300 francs M. Horeau pouvait donc réaliser des bénéfices assez considérables, mais dont il faisait le plus noble usage. Sans compter de nombreux étudiants ecclésiastiques des diocèses d'Angers et du Mans qu'il recevait ou gratuitement ou pour une pension très réduite, il aimait à favoriser l'éducation de jeunes gens appartenant à d'honorables familles, alors si nombreuses, ruinées par la Révolution. Il aidait aussi de jeunes filles pauvres à entrer dans des communautés religieuses

Le petit séminaire fut surtout son œuvre de prédilection (1) : il s'étonnait lui-même de tout ce qu'il avait pu faire pour cette maison et des rapides développements qu'elle prenait. Un de ses plus grands plaisirs était de visiter le nouveau collège. « Ce bon vieillard, dit

(1) Il avait aussi une vive affection pour M. l'abbé Bellenfant. Pendant les premières années surtout, il multiplie les conseils pour la bonne administration de la nouvelle maison, et il entre dans les plus minimes détails. Nous trouvons plusieurs de ses lettres du commencement de l'année 1818 dans lesquelles il se plaît à signer : *D. Horeau, prêtre, Bellenfant, prêtre : anima una, cor unum.* Il lui écrit le 26 novembre 1817 : « Il m'est venu à l'idée que vous n'avez pas de couverts d'argent pour recevoir honorablement les personnes distinguées qui mangeront avec vous. Voilà donc cinq couverts pour la communauté et le sixième marqué en votre nom. Ne dites rien de cela. »

M. Bellenfant, fit dans le cours de cette année (1818) plusieurs voyages à Précigné, voyages qu'il faisait toujours à cheval, quoiqu'il eût quatre-vingts ans passés. Il continua pendant six années d'agir ainsi quoiqu'on l'eût forcé d'acheter une voiture dont il réservait de se servir, disait-il, quand il serait vieux. En effet, il n'en usa habituellement qu'à l'âge de quatre-vingt-huit ou quatre-vingt-neuf ans. A cet âge il vint encore à Précigné. Son arrivée dans cette maison était toujours un jour de fête et de réjouissance. Son aimable gaieté, sa bonté pour nous, répandaient dans toute la maison une joie et une consolation indicibles. Pendant tout le temps qu'il y passait, il s'occupait presque continuellement à visiter les travaux; et nous l'avons vu plusieurs fois, malgré son grand âge, monter sur les échafaudages au premier, au deuxième et même au troisième étage. D'autres fois nous le surprenions se joignant aux jeux des plus petits enfants dans les cours de récréation. Aussi, à son départ, tous, maîtres et élèves le pressaient de revenir promptement; et plusieurs fois les plus jeunes pensionnaires, entourant son cheval ou sa voiture, ne laissaient le passage libre qu'après avoir obtenu la promesse qu'ils sollicitaient. Il aimait à amener avec lui, pour leur faire visiter sa nouvelle maison, ses confrères et ses amis. Quelquefois il se faisait accompagner par un ou deux professeurs de Château-Gontier, ou même par quelques élèves des hautes classes.

« Dans un de ces voyages, ajoute M. Bellenfant, nous avions décidé de lui *voler* son portrait, que nous n'avions jamais pu obtenir de lui, malgré toutes nos instances, et les sollicitations de personnes de haut rang que nous avions plusieurs fois employées pour cela auprès de lui. Aussi nous nous décidâmes à le prendre sans le prévenir. Pour cela un jour, à la fin du dîner, notre maître de dessin, masqué par plusieurs de nos Messieurs, se mit à travailler courageusement. L'ouvrage avançait lorsque le bon et vénérable principal s'en aperçut. Il ne dit rien, ne fit aucune remarque, affecta même une plus grande gaieté. Mais peu après il se leva et sortit sous quelque prétexte. Après quelques instants, il fit avertir M. Bellenfant qui le trouva sur le point de monter en voiture pour retourner à

Château-Gontier, quoiqu'il fut près de quatre heures. Il se plaignit, pleura beaucoup, et ne consentit à rester qu'à la condition qu'on lui remettrait le portrait commencé, et que jamais nous ne chercherions à le tromper et à l'humilier ainsi. Il en fut de même lorsqu'il bénit la chapelle de Bois-Dauphin. Mme la comtesse de Saint-Sauveur, insista beaucoup pour le déterminer à laisser prendre son portrait. Il pleura encore, refusa et supplia en grâce qu'on ne lui en parlât plus, assurant qu'on lui ôtait ainsi tout le plaisir qu'il éprouvait à venir à Précigné. En effet l'émotion et la peine qu'il éprouvait nous déterminèrent à ne plus lui parler de son portrait que nous n'eûmes qu'après sa mort. »

VI. A peine le nouveau collège de Précigné était-il organisé que M. Horeau s'empressa d'en transmettre la propriété aux évêques du Mans. Une ordonnance royale du 31 janvier 1818, autorisa Mgr de Pidoll à accepter la donation qui fut faite par M. Horeau, le 9 avril 1818, du collège et de toutes ses dépendances et du mobilier qui garnissait la maison. Le donateur réserva seulement pour sa famille le droit de faire instruire gratuitement quelques-uns de ses membres dans le nouvel établissement ; et plusieurs ont en effet profité et profitent encore aujourd'hui de cet avantage.

Tout en donnant aux évêques du Mans la propriété de la maison de Précigné, M. l'abbé Horeau se réserva le droit de l'administrer lui-même ; et il avait pour cela formé une commission de personnes qui avaient toute sa confiance. Cette commission, organisée comme société civile, se composait de M. Bouvier, alors professeur au grand séminaire, depuis évêque du Mans ; de M. Fillion, supérieur du petit séminaire de Tessé, au Mans, et du nouveau principal de Précigné, M. Bellenfant (1). Il restait beaucoup à faire pour que la maison répondit au but qu'on se proposait : l'administration diocésaine ne

(1) Le 1er mai 1818, M. Horeau écrit à M. Bellenfant : « M. Bouvier m'a envoyé notre règlement de société à signer; voilà nos affaires finies de ce côté-là. » Cette société recueillit plus tard la succession de M. l'abbé Horeau ; et M. Fillion, dernier membre survivant, a transmis à l'évêché de Laval la part qui lui revenait.

pouvait qu'accepter avec reconnaissance la coopération si intelligente et si désintéressée du donateur.

Le nombre des élèves augmentait chaque année : les bâtiments ne pouvaient plus suffire, et il fallait se mettre en mesure de recevoir dans l'avenir un plus grand nombre de pensionnaires. M. Horeau décida donc la construction d'un nouveau corps de bâtiments : c'est celui de l'horloge qui a deux étages, non compris les mansardes. Soit qu'il voulut donner une certaine conformité au nouveau collège avec les dispositions adoptées pour celui de Château-Gontier, soit qu'il songeât à la possibilité de nouvelles constructions, il exigea que le nouveau bâtiment fut élevé en face de l'ancien collège, dans un potager très fertile et admirablement planté d'arbres fruitiers, que les professeurs et M. Bellenfant regrettaient vivement de voir sacrifier. Cette importante construction, commencée en 1819, fut achevée en 1821 : elle coûta 60,000 francs, y compris quelques murs de clôture. M. Horeau donna encore l'horloge, faite par M. Rivière de Château-Gontier, et qui lui coûta 3,000 francs.

A la rentrée de 1821, le nombre des élèves de Précigné atteignit cent soixante-douze.

Aussitôt après avoir obtenu l'autorisation d'accepter la donation faite par M. Horeau aux évêques du Mans, l'administration diocésaine s'occupa d'obtenir l'érection du collège de Précigné en petit séminaire. La première demande est du 7 mars 1818 ; et elle fut préparée par les soins de M. Bouvier, alors professeur du séminaire, dont l'heureuse influence commençait à grandir. On y faisait observer que le diocèse du Mans, composé de deux départements, avait le droit d'avoir deux petits séminaires ; qu'il en possédait bien un au Mans, pour la Sarthe, mais qu'il n'y en avait pas dans la Mayenne ; qu'en vain on avait essayé de l'établir dans le collège de la ville de Mayenne, et que la maison de Précigné pouvait représenter ce second petit séminaire auquel le diocèse avait droit.

Le ministre de l'intérieur refusa absolument. Tout ce qu'on put obtenir fut l'érection, à la date du 19 janvier 1819, de la maison de Précigné en pension dirigée par M. l'abbé Bellenfant auquel on voulut bien accorder le diplôme de licencié ès lettres Les cours pu-

22

rent être continués jusqu'à la seconde inclusivement; mais, pour la rhétorique ou la philosophie, les élèves étaient obligés d'aller achever leurs études dans des collèges de plein exercice.

M. de la Bouillerie, conseiller d'État, ayant appuyé de toute son influence la demande faite pour que Précigné devint petit séminaire, obtint enfin qu'on se rendit aux désirs de l'évêque du Mans. Le 2 juin 1821, le ministre de l'intérieur, M. de Corbière, accorda l'autorisation, mais à la condition très formelle que ce second petit séminaire remplacerait celui que les évêques du Mans pouvaient fonder dans la Mayenne, et que le préfet de ce département consentirait à cette disposition. Ce consentement fut en effet expressément donné le 2 juillet 1821.

Dès le 4 juin, M. de la Bouillerie s'était empressé de faire connaître à l'évêque du Mans l'heureux résultat de ses démarches en faveur de Précigné; et Mgr de la Myre l'annonça, dès le 6 juin, à M. Horeau : « Il y a bien longtemps que j'ai envie de vous écrire, Monsieur le principal; mais j'ai résolu de ne pas le faire jusqu'au moment où je pourrais vous annoncer l'érection du petit séminaire de Précigné. Je veux que vous ayez cette nouvelle avant M. Bouvier et mon conseil, et que vous ayez le plaisir d'en faire part à M. le principal ou supérieur, comme vous voudrez le nommer.

« L'affaire n'est cependant pas complètement terminée : mais voici où elle en est. Je l'ai traitée auprès du bureau du ministre de l'intérieur, dans le courant de janvier, et l'on m'a donné beaucoup d'espérance, en me prévenant néanmoins que l'on consulterait M. de Corbière. J'ai vu celui-ci ; j'en ai été content, mais il ne m'a rien promis A Pâques, je suis retourné à Paris, et j'ai su au ministère que M. de Corbière n'avait pas encore répondu. Ne pouvant ni le voir, ni prolonger mon séjour à Paris, j'ai mis M. de la Bouillerie dans nos intérêts, et j'ai eu d'autant moins de peine qu'il vous est entièrement dévoué. Il vient de m'écrire, à la date du 4 de ce mois, une lettre très aimable à laquelle il joint la suivante dont je vous fais passer une copie exacte. Je n'en dirai rien d'ici à vendredi, et vous enverrai celle du ministre dès qu'elle me parviendra; ce qui ne peut tarder ni manquer.

« Recevez mon compliment, faites-moi le vôtre, et surtout bénissons celui pour la gloire duquel nous travaillons l'un et l'autre. Priez-le pour moi, afin qu'il répande sur mon ministère quelques-unes des grâces attachées à vos prières et à vos bonnes œuvres.

« Si je suis obligé d'employer dans ce moment une main étrangère, c'est celle d'un de vos enfants, et je peux le lui faire écrire à lui-même, celle de l'un de ceux qui vous fera toujours le plus d'honneur (1).

« Recevez la nouvelle assurance du tendre et respectueux attachement avec lequel j'ai l'honneur d'être,

« Votre très humble et très obéissant serviteur,

« ✝ C. M., év. du Mans. »

M. Horeau ne reçut cette lettre que le 9 au soir. Dès le lendemain il répondit à Mgr de la Myre : « .... J'admire vos mesures ; vous « avez résisté et surmonté toutes les difficultés... . Précigné va jouir « d'un grand privilège : les jeunes gens seront moins exposés que « dans une ville ; c'est un heureux choix que vous avez fait pour le « canton et pour la jeunesse J'en rends grâce avec vous à l'auteur « de tout bien ; et, suivant votre conseil de prier aujourd'hui, jour « de la Pentecôte, j'ai dit ma grand'messe en actions de grâces des « victoires remportées par vous au sujet du petit séminaire de Pré- « cigné. Que le Saint-Esprit répande ses lumières sur les sujets qui « en sortiront ! Il me semble déjà les voir partir en foule par vos « ordres et s'empresser de répandre la semence de la divine parole « à des peuples encore dans l'ombre de la mort. Quel avantage pour « l'Eglise !

« Vous me faites des compliments, Monseigneur ; je désirerais les « mériter. Mais ceux qui m'ont peint à vos yeux ne me connaissent « pas. Je ne suis qu'un pauvre voyageur qui a besoin de tout le « monde ; je demande votre protection et part à votre souvenir. J'ai « envoyé vos charmantes lettres à M. Bellenfant, principal, qui

(1) M. Lefaucheux était alors secrétaire particulier de Mgr de la Myre. Il suivit à Bayeux Mgr Duperrier, et il y est mort archiprêtre de la cathédrale le 25 septembre 1870.

« sera bien aise de se voir tiré de captivité et d'exercer dans votre « petit séminaire les fonctions de supérieur qu'il est bien capable « de remplir avantageusement..... »

Les prévisions, si remplies d'esprit de foi, du vénérable vieillard se sont réalisées. Du petit séminaire sont sortis de nombreux missionnaires qui, répandus dans toutes les parties du monde, annoncent la bonne nouvelle du salut aux peuples encore infidèles. C'est avec autant de joie que de gloire que le petit séminaire compte parmi ses élèves un illustre martyr, Mgr Berneux, vicaire apostolique de Corée, et NN. SS. Colombert, Grandin et Sohier, vicaires apostoliques de la Cochinchine et de l'Amérique septentrionale, qui ne peuvent cependant lui faire oublier un autre de ses élèves, Mgr Fillion, l'une des gloires de l'Église du Mans.

VIII. Telle a été la fondation du petit séminaire de Précigné. Il nous reste à signaler ce qui s'est passé dans cette maison depuis son origine jusqu'à ces derniers temps. Dans tout établissement semblable, la perfection consiste dans cette paisible succession des jours les uns aux autres, dans l'heureuse absence de toute préoccupation extérieure, dans ce calme et cette douce uniformité qui prêtent peu, il est vrai, à l'histoire, mais qui sont si favorables à la piété et aux études sérieuses. Les luttes littéraires et les belles cérémonies scolaires ou religieuses viennent de temps en temps chaque année donner d'heureuses distractions, et laissent les plus doux souvenirs à ceux qui eurent le bonheur d'y prendre part; mais le récit que nous pourrions faire offrirait peu d'intérêt pour le lecteur. Nous ne devons donc pas nous étonner si plusieurs années, dans l'histoire du petit séminaire, s'écoulent sans offrir aucun événement remarquable : nous n'avons au contraire ordinairement qu'à nous féliciter de ce manque d'intérêt.

En 1822, le nombre des missionnaires s'élève à deux cent vingt. Mgr de la Myre, évêque du Mans, voulant montrer à son nouveau petit séminaire tout l'intérêt qu'il lui portait, vint le visiter et donner la Confirmation aux élèves. Ce fut la première fois que la maison de Précigné fut honorée de la présence du premier pasteur du diocèse. Au moment de sa fondation, Mgr de Pidoll était extrêmement âgé et très infirme : il avait depuis quelques années cessé ses visites pastorales. Il mourut en 1819.

En 1828, furent publiées les fameuses ordonnances du 18 juin qui réglementaient les petits séminaires, et qui avaient surtout pour but d'exclure les Jésuites de l'instruction de la jeunesse. Le nombre d'élèves que pouvaient recevoir ces maisons fut limité d'une façon arbitraire et fixé à deux cent cinquante pour le diocèse du Mans. Tous les professeurs durent signer une attestation portant qu'ils n'appartenaient à aucune congrégation religieuse. Pour compenser tout ce qu'il y avait d'odieux dans ces ordonnances, rendues sous la pression du parti libéral, le gouvernement de Charles X fit voter par les Chambres 1,200,000 fr. pour la fondation de 80,000 bourses de 150 fr. chacune, en faveur des élèves des petits séminaires. Malgré l'importance du diocèse du Mans, et quoique les deux départements réunis en fissent l'un des plus considérables de France, les petits séminaires du diocèse n'obtinrent que quatre-vingts bourses (1). Au moment où fut fait le travail de répartition soit des bourses, soit du nombre des élèves ecclésiastiques attribués à chaque diocèse, Mgr de la Myre était gravement malade ; et il lui fut impossible de défendre les intérêts de ses petits séminaires. Mgr Carron réclama et obtint une allocation supplémentaire de 5,000 fr., qui porta à 17,000 fr. le chiffre des bourses accordées au petit séminaire. Plus tard, Mgr Bouvier ne cessa de protester contre le nombre, si insuffisant pour les besoins du diocèse, des élèves ecclésiastiques reconnus par la loi civile. La loi seule de 1850, sur la liberté d'enseignement, vint rompre enfin ces entraves mises à l'une des libertés les plus importantes de l'Eglise, celle du recrutement de ses ministres sacrés.

Par ordonnance du 5 novembre 1828, M. l'abbé Bellenfant fut nommé supérieur du petit séminaire de Précigné ; et comme ni ses

(1) Cinq diocèses seulement eurent moins, tandis que le nombre des bourses fut porté à cent dans un grand nombre, et même à cent soixante-six pour le diocèse de Strasbourg, qui avait, comme Le Mans, deux départements.

régents ni lui-même ne faisaient partie des congrégations religieuses, ils ne firent aucune difficulté de signer la déclaration que le gouvernement exigeait

Dans cette même année 1828, le vénérable fondateur de Précigné, M. l'abbé Horeau, vint pour la dernière fois visiter une maison qu'il affectionnait si vivement, et pour laquelle il avait fait des sacrifices si considérables. Il y tomba malade, et l'on éprouva quelque peine à le transporter à Château-Gontier, où il mourut saintement, le 29 janvier 1830, ayant conservé l'usage de ses facultés à peu près jusqu'au dernier moment. M. l'abbé Horeau était officier de l'Université; Mgr d'Hermopolis lui avait obtenu la croix de la Légion d'honneur et lui avait écrit de sa main pour lui annoncer cette distinction. Mgr de la Myre l'avait nommé, en 1827, chanoine honoraire de la cathédrale du Mans, en même temps que M. Bellenfant, supérieur du petit séminaire. La mort de M. Horeau fut un deuil public pour le diocèse du Mans et pour le pays entier.

IX. Les évènements politiques de 1830, qui amenèrent la chute de Charles X et l'avènement au trône de Louis-Philippe, faillirent causer la ruine du petit séminaire.

La première conséquence du nouveau régime fut la suppression des bourses fondées en faveur des petits séminaires, contre lesquels furent conservées toutes les réglementations défavorables faites par le régime précédent. M. Merilhou, ministre de l'Instruction publique et des Cultes, ayant écrit, le 14 décembre 1830, à l'évêque du Mans pour réclamer une nouvelle déclaration du supérieur et des professeurs du petit séminaire qu'ils n'appartenaient point à une congrégation religieuse, Mgr Carron lui répondit que cette déclaration était entre ses mains et que rien n'en prescrivait l'envoi au ministre. Il ajouta : « Permettez-moi, Monsieur le Ministre, de vous « exprimer mon extrême étonnement que vous exigiez l'accomplis- « sement de formalités qui avaient paru tout au moins inutiles, dès « le temps où elles furent prescrites, et qui pourraient, ce me « semble, être qualifiées dans ce moment-ci beaucoup plus sévè- « rement. Quel motif plausible, en effet, peut engager le Gouver-

« nement à revenir sur les ordonnances du 18 juin ? Dans quel but « ont donc été rendues ces ordonnances ? N'est-ce pas dans le des- « sein d'exclure les Jésuites de toute participation à l'éducation de « la jeunesse en France ? Mais ce but n'est-il pas rempli ? Le Gou- « vernement ne sait-il pas que les Jésuites ne sont chargés de la « direction ni de l'enseignement dans aucune école secondaire « ecclésiastique ? Et forcer les évêques à s'expliquer de nouveau sur « ce point, où l'on en sait tout autant qu'eux, n'est-ce pas agir « comme on agirait si l'on voulait renouveler le déplaisir, que l'on « n'ignore pas que ces ordonnances leur ont causé, et qu'on ne « cherchât qu'un prétexte pour attaquer l'existence des petits sémi- « naires ? J'avoue, Monsieur le Ministre, que quand j'appris que le « Roi venait de vous confier le portefeuille de l'Instruction publique, « j'avais conçu, ainsi que bien des gens, d'autres espérances : il « semblait que votre attrait connu pour un système large de « liberté devait vous faire envisager ces questions d'un autre œil « que M. le duc de Broglie. Me serais je trompé ? J'en doute encore, « tant tout ce qui ressemblerait à des tracasseries me paraît répu- « gner à la loyauté de votre caractère et à la libéralité de vos « principes. »

Mieux inspiré, le gouvernement de Louis-Philippe ne paraît pas avoir insisté de nouveau auprès des évêques pour obtenir la déclaration presscrite par l'art. 1er des ordonnances de juin 1828.

Ce qui fut plus grave, ce fut l'émotion produite par les événements politiques dans les esprits, auparavant si calmes au petit séminaire. Par devoir religieux autant que par affection, le clergé était profondément attaché à la Restauration. Les professeurs du petit séminaire et les élèves, appartenant la plupart à des familles légitimistes, partageaient ces sentiments, et le nouveau gouvernement ne leur était rien moins que sympathique. Au milieu de l'agitation politique de nos contrées de l'Ouest, la situation du petit séminaire était bien difficile, et toute la prudence de son digne supérieur, M. l'abbé Bellenfant, ne put suffire pour lui faire traverser sain et sauf ces années si troublées. Le souvenir soit de l'enlèvement du drapeau à la Chapelle-d'Aligné, en 1831, soit de l'arrestation de tous les professeurs, en 1832, est resté vivant au petit séminaire, et nous devons en dire quelques mots. Voici comment dans une lettre du 5 août 1831, Mgr Carron, obligé de donner des explications demandées par le préfet de la Sarthe et par le ministre des cultes, raconte le premier événement :

« Le 21 du mois dernier (juillet 1831) jour de congé à Précigné, un « des régents (1) conduisit à La Chapelle-d'Aligné les élèves de troi« sième et de quatrième. Arrivé au but de promenade, il entra un « instant au presbytère pour souhaiter le bonjour au curé. Pendant « ce petit moment d'absence, cinq étourdis s'introduisirent dans le « clocher, dans le dessein de chercher des nids de martinets. Jus« que là rien de bien condamnable. De tout temps les écoliers ont « aimé les oiseaux et les nids, et de tout temps aussi ils ont aimé « se dérober aux regards de leurs maîtres. Mais l'un d'eux, aperce« vant le drapeau tricolore, trouva plaisant de l'enlever ; et j'avoue « volontiers que cet acte et ceux dont il fut suivi passent toutes les « bornes de l'espièglerie permise à la jeunesse. Du reste, cela fut « fait si secrètement que les habitants du bourg de La Chapelle d'Ali« gné n'en eurent connaissance que quelques heures après, et le « régent, que le lendemain matin. Dès que le principal en fut ins« truit, et ce ne fut que le 22 au matin, non seulement il témoigna « hautement sa désapprobation et son mécontentement, mais il ren« voya immédiatement le coupable à ses parents. »

Mgr Carron atténuait peut-être un peu trop ce qu'avait de grave l'enlèvement d'un drapeau national. Le régent qui faisait la promenade fut complètement mis hors de cause ; mais l'élève qui avait enlevé le drapeau et ceux de ses condisciples qui lui avaient prêté leur concours furent déférés à la cour d'assises de la Sarthe. Le 11 septembre 1831, Mgr Carron écrit à M Bellenfant : « Je viens d'écrire à M. le procureur du Roi pour lui recommander vos jeunes gens. Je vais également prier M. le président des assises de s'intéresser à eux en raison de leur âge. Il paraît du reste bien démon-

(1) M. l'abbé Boulanger, aujourd'hui chanoine honoraire et aumônier de la Visitation Sainte-Marie, au Mans.

tré que c'est moins au jeune Picher qu'à votre maison et à son esprit qu'on en veut en cette circonstance. »

Voici la lettre de Mgr Caron au président des assises de la Sarthe : « Le jeune Picher, prévenu d'avoir enlevé et lacéré le drapeau tricolore du clocher de La Chapelle-d'Aligné, doit comparaître ainsi que cinq autres élèves du petit séminaire de Précigné devant la cour d'assises du département de la Sarthe. Je n'ai point l'intention de disculper une étourderie véritablement impardonnable. Mais je prends la liberté de vous recommander d'une manière particulière cette affaire, parce que je sais que dans l'instruction on a voulu rattacher à ce fait principal plusieurs autres petits faits plus ou moins anciens et mettre ainsi en quelque sorte en accusation l'esprit de cette maison; comme si parmi 230 pensionnaires il était possible qu'il ne se trouvât pas quelques étourdis difficiles à contenir. Je puis au reste vous assurer que ces esprits inquiets ont été sévèrement punis, chaque fois qu'il leur est arrivé de vouloir manifester leurs opinions; et il me semble que c'est tout ce qu'on peut exiger des supérieurs. Nous avons la confiance qu'autant qu'il dépendra de vous, dans la direction et dans la conduite des débats, vous ne voudrez pas compromettre un établissement tout entier pour la faute de quelques étourdis, qui ont agi sans préméditation. »

Le président des assises se montra très bienveillant. Nous en avons la preuve dans une lettre de Mgr Caron à M. l'abbé Bellenfant : « Je vous adresse la lettre que m'a écrite M. le président des assises au sujet de vos jeunes étourdis. Vous serez bien aise d'en prendre connaissance, et elle vous fera sans doute autant de plaisir qu'elle m'en a fait à moi-même. J'espère que cette malheureuse affaire n'aura pas de suite ; mais c'est à vous de vous tenir sur vos gardes pour l'avenir. »

Les six élèves inculpés dans cette échauffourée furent acquittés. On dut cependant renoncer à les recevoir de nouveau au petit séminaire de Précigné.

Cette première affaire était à peine terminée qu'une autre plus grave vint donner de nouvelles inquiétudes pour le petit séminaire.

Au mois de mai 1832 eut lieu dans l'Ouest la prise d'armes des légitimistes animés par la présence de la duchesse de Berri. Mais ce soulèvement, mal concerté et contremandé au dernier moment, n'eut d'autre résultat que de compromettre les fidèles serviteurs de la dynastie déchue. Le gouvernement de Louis-Philippe montra une extrême rigueur dans la répression. Nous retrouvons dans une lettre de M. Bouvier, supérieur du séminaire, écrite le 9 juin 1832 à Mgr Caron des détails intéressants sur cette crise politique et sur les événements qui se passèrent à Précigné : « Nous devons improuver l'insurrection. J'y ai toujours été opposé par une pleine conviction qu'elle ne pouvait amener que des malheurs. Mais le gouvernement a autant d'intérêt que nous à ce que les passions se calment et les esprits se concilient ; et ce n'est pas par les mesures qu'il prend au Mans et à la Flèche qu'on y arrivera. Il fallait voir, plusieurs jours encore de cette semaine, la populace s'ameuter et pousser des cris de fureur contre ceux qu'on menait en prison, avec tout l'éclat possible, au son des tambours, avec acclamations des gardes nationaux. On ne pouvait se défendre d'un sentiment de tristesse profonde. Je me croyais reporté à 93 et 94 (1). ..... Dimanche, M. le président du tribunal de la Flèche, accompagné d'une escorte militaire se transporta au petit séminaire, s'y montra d'une dureté extrême, fit des perquisitions, s'empara de toutes les correspondances qu'il put trouver, et sans articuler autre chose que des reproches de mauvais sentiments, de connivence avec les chouans, décerna des mandats contre tous les maîtres, n'exceptant que le *bonhomme* Jouin, maître de l'école primaire. M. Bellenfant déclara qu'il ne quitterait point, à quelque prix que ce fût, avant d'avoir remis aux parents tous les enfants qui lui avaient été confiés, et montra à cet égard une très grande fermeté. Le président consentit à lui laisser huit jours pour régler ses comptes et renvoyer les élèves, et donna aussi, pour les mêmes raisons, un sursis à trois maîtres, s'en rapportant à leur parole. Là-dessus, M. Bellenfant me

(1) Deux mois après la prise d'armes des royalistes, cent neuf personnes étaient dans les prisons de La Flèche, et parmi elles nous y voyons M. le marquis de Juigné, MM. de Broc, de Follin, etc. — Circulaire de M. Tourangeau, préfet de la Sarthe, citée dans les *Recherches sur Vaas*, p. 219.

dépêcha un exprès qui fut arrêté en route et conduit à la Préfecture. »

M. Bouvier envoya de suite M. Heurtebize, directeur au séminaire, et M. l'abbé P. Guéranger pour prendre la direction du petit séminaire : il se proposait de leur adjoindre des séminaristes comme professeurs. Mais les parents redemandaient leurs enfants, qui eux-mêmes ne voulaient pas rester. Le petit séminaire fut donc dissous provisoirement.

M. l'abbé Bellenfant, dans les mémoires que nous avons déjà cités plusieurs fois, raconte ainsi cet événement : « Le dimanche après l'Ascension, 3 juin, à 6 heures du matin, M. Letellier président du tribunal de La Flèche, accompagné de deux compagnies d'infanterie et de dix à douze gendarmes, parut tout à coup pour exécuter une visite domiciliaire, sous prétexte que des armes et de la poudre étaient cachées dans la maison. Après les fouilles les plus minutieuses qui ne produisirent et ne pouvaient produire aucun résultat, nous nous attendions à rester tranquilles. M. Letellier qui était très prévenu et monté contre nous, ordonna, au nom de l'autorité dont il était revêtu, que la maison fût dissoute et tous les maîtres conduits dans la prison de la Flèche. C'est avec la plus grande peine et après la plus énergique résistance que M. l'abbé Bellenfant, supérieur, M. l'abbé Bouttier, préfet des études, et M. Drouin, professeur de troisième, purent obtenir de rester quelques jours pour présider à la sortie des élèves qui furent tous rendus à leurs familles. Les autres professeurs MM. Duverger, Boulangé, Baissin, Heslot, Herbelin, Eroux, Pieau et Picard furent conduits à la Flèche le dimanche même et emprisonnés dans la soirée M. l'abbé Bellenfant, avec les professeurs restés avec lui, s'occupa de faire conduire tous les élèves à leurs parents, et le lundi, 11 juin, selon la promesse qu'ils avaient faite, ils furent rejoindre, dans les prisons de la Flèche, les professeurs qui y avaient été conduits le 3 juin (1). Là l'autorité

(1) En montant en voiture pour se rendre à La Flèche, M. l'abbé Bellenfant tomba et se cassa la jambe. Il en resta un peu boiteux jusqu'à la fin de sa vie.

éclairée par l'évidence, ne tarda pas à relâcher le supérieur et les professeurs. »

Mgr Carron se plaignit très vivement, mais en vain, au ministre des Cultes, de la légèreté avec laquelle on avait admis les accusations portées contre le petit séminaire, et de l'acte odieux de persécution dont le supérieur et les professeurs avaient été l'objet (1).

Heureusement les esprits s'apaisèrent peu à peu ; et le gouvernement de Louis-Philippe put relâcher quelque chose des rigueurs prises à l'égard du clergé, qu'il jugeait lui être opposé.

IX. Par suite de ces événements, les études furent interrompues pendant trois mois, en 1832. La rentrée des classes se fit au mois de septembre et fut très nombreuse. Pour donner à son petit séminaire une preuve de tout l'intérêt qu'il lui portait, après les épreuves qui étaient venues l'assaillir, Mgr Carron vint présider lui-même la distribution des prix qui eut lieu le 20 août 1833. C'était la première fois que cette solennité était honorée de la présence de l'évêque diocésain. Quelques jours plus tard le 27 août, le vénérable prélat était emporté presque subitement, et allait recevoir de Dieu la récompense de l'énergie avec laquelle il avait lutté pour l'Eglise dans des jours difficiles.

Mgr Bouvier fut nommé évêque du Mans en 1834. Rien ne pouvait être plus agréable au petit séminaire. Nous avons vu comment le vénérable M Horeau avait adjoint M. Bouvier à la commission qu'il formait pour l'administration du collège, et comment M Bouvier s'était occupé de procurer l'érection de Précigné en petit séminaire. Il était d'ailleurs intimement lié depuis longtemps avec le principal, M. l'abbé Bellenfant. La protection du nouveau prélat était donc assurée par avance à cette maison.

En 1834 et 1835, on fit construire l'infirmerie qui coûta dix-huit

(1) Une mesure analogue avait été prise dans le diocèse d'Angers à l'égard du petit séminaire de Beaupreau, qui fut licencié. Le petit séminaire de Combrée fut menacé du même sort.

mille francs, et deux Sœurs d'Evron furent appelées à donner leurs soins aux élèves malades et à diriger la lingerie. La supérieure qui y fut placée en 1835, Sœur Thérèse Rouland, y est restée jusqu'en 1861, année où les Sœurs d'Evron furent remplacées au petit séminaire par les Sœurs de Ruillé-sur-Loir : pendant ces vingt-six années, elle a prodigué ses soins aux élèves malades avec une charité et un dévouement qui ne se sont jamais démentis ; et nous sommes heureux de pouvoir conserver ici son souvenir et celui des religieuses qui lui ont succédé.

En 1839, se terminèrent les travaux de la première partie du bâtiment neuf comprenant quelques classes, la salle d'étude pour les élèves des cours supérieurs et deux dortoirs. Le petit séminaire prenait chaque année de nouveaux développements : il avait, cette année, deux cent soixante-cinq pensionnaires et douze demi-pensionnaires : les anciennes salles d'études et le réfectoire devenaient de plus en plus insuffisants. En 1840 et 1841, le nouveau bâtiment fut continué et relié avec la partie la plus ancienne du collége, qui ne forma plus qu'un accessoire. Cette magnifique construction coûta 187,320 francs (1), et elle contribua beaucoup à donner au petit séminaire un aspect monumental. Le nouveau réfectoire fut inauguré en 1843, pour la Saint-Claude, fête de M. Bellenfant, et la salle des exercices servit pour la distribution des prix, cette même année.

X. M. l'abbé Bellenfant ne devait pas jouir longtemps de la prospérité à laquelle il avait su amener le petit séminaire. Il n'avait que cinquante-deux ans, et il pouvait se promettre encore plusieurs années de vie ; mais Dieu en avait autrement disposé. Au mois de décembre 1844, la maladie d'entrailles, dont il avait plusieurs fois éprouvé des atteintes, prit une extrême gravité et inspira bientôt de vives inquiétudes. M. l'abbé Bellenfant avait su se créer les plus vives sympathies, non seulement parmi ses condisciples ou ses

(1) Le petit séminaire contribua à cette dépense pour 48,306 francs ; l'administration diocésaine fit le reste.

anciens élèves, mais encore dans les familles les plus honorables de Précigné ou des environs. La dignité de son maintien, une physionomie extrêmement sympathique et l'affection si vraie qu'en toute circonstance il témoignait aux enfants qui lui étaient confiés, inspiraient aux parents la confiance la plus entière et le plus profond respect. Pendant les premières semaines de sa maladie, le pays et la maison s'inquiétèrent de bonne heure, malgré les assurances que donnaient encore les médecins. Les regrets profonds et unanimes éclatèrent partout quand toute espérance fut perdue. Pour lui, dès qu'il commença à craindre, il donna les preuves les plus touchantes de sa foi et de sa résignation. Le sacrifice de sa vie ne lui coûtait rien ; il regrettait seulement de laisser sa vieille mère sans appui ; bientôt même il eut rompu ce dernier lien. Depuis, son courage ne se démentit pas ; et cependant à plusieurs reprises le mal ayant paru s'arrêter, il lui fallut renouveler plusieurs fois son sacrifice. Le jour où il fut administré, c'est par des sanglots seulement que lui répondirent ses collaborateurs quand il les pria d'oublier les torts qu'il avait pu avoir envers eux, et de se souvenir de lui au saint sacrifice. Il adressa aussi quelques paroles aux élèves présents : « Aimez le bon Dieu, mes enfants, c'est là tout ce qui nous reste à la fin de la vie. » Il les bénit ensuite, eux et leurs condisciples, réunis à la chapelle pendant ce temps. Tous fondaient en larmes, mais sa voix fut constamment calme et sereine. Après une nuit douloureuse, il s'endormit plutôt qu'il ne mourut, le dimanche 19 janvier 1845, sur les huit heures du matin. Le petit séminaire de Précigné, perdait en lui et son premier supérieur et en quelque sorte son fondateur. Le 21, ses obsèques furent célébrées au milieu d'un immense concours de prêtres et de fidèles. Un plus grand concours encore se fit remarquer au service de septime qui fut célébré le jeudi 6 février. Mgr Bouvier voulut y officier lui-même, et l'éloge funèbre du défunt fut prononcé par M. l'abbé Chevereau, premier vicaire général. Dans la soirée, tous les élèves et les maîtres se réunirent dans la grande salle des études : Mgr Bouvier se rendit au milieu d'eux et, après avoir de nouveau rappelé les précieuses qualités du supérieur que tous pleuraient, Sa Grandeur proclama pour lui succéder M. l'abbé Bouttier, depuis si longtemps apprécié de tous, et appelé à ce poste par l'opinion publique et par les vœux unanimes des maîtres et des élèves.

XI. Au moment où mourait M. l'abbé Bellenfant, le collège de Précigné était extrêmement florissant : à la rentrée qui suivit, le nombre des élèves atteignit trois cents. L'extrême cherté des vivres en 1846 et 1847, puis les préoccupations politiques qui furent la conséquence de la proclamation de la République en 1848, empêchèrent quelques familles de favoriser la vocation ecclésiastique de leurs enfants. Le nombre des élèves subit donc quelque diminution.

Mais l'événement qui affecta le plus vivement le petit séminaire de Précigné fut l'érection d'un nouvel évêché à Laval, en 1855, et par suite la perte des ressources pécuniaires et des vocations ecclésiastiques que le diocèse du Mans tirait de la Mayenne. Cependant, grâce à Dieu, les conséquences de l'érection du nouvel évêché ne furent pas aussi pénibles et aussi graves pour le petit séminaire qu'on avait pu le craindre tout d'abord. Le nombre des élèves n'a subi qu'une faible diminution ; et grâce au dévouement de beaucoup de prêtres très zélés, des vocations ecclésiastiques ont surgi dans la Sarthe, et tout donne lieu d'espérer que le diocèse du Mans ne manquera pas de prêtres pour combler les vides que la mort fait chaque jour dans les rangs de l'ancien clergé.

Plein de confiance dans l'avenir de son petit séminaire, et cédant aux vives instances qui lui étaient faites, Mgr Nanquette autorisa, en 1859, la reconstruction de la chapelle. Le 19 mars 1860, jour de saint Joseph, fête patronale du petit séminaire, il se trouva à Précigné, et en présence de Mgr Grandin, évêque de Satala, et d'un immense concours de prêtres des deux diocèses du Mans et de Laval, il bénit et posa solennellement la première pierre de la nouvelle chapelle.

Nous trouvons dans la *Chronique de l'Ouest* le récit de cette fête, par MM. les Régents du petit séminaire : « Lundi dernier 19 mars, « Monseigneur l'Évêque du Mans bénissait la première pierre d'une

« chapelle, enfin convenable, qu'une souscription généreuse (1) nous « permet d'élever en l'honneur de Dieu, sous le vocable de Notre- « Dame des Anges. Depuis trop d'années déjà, le besoin s'en faisait « sentir; mais nos modiques ressources nous défendaient de songer « même à réaliser seuls un vœu mille fois exprimé et devenu « presque universel. Dans ces circontances un appel confiant a été « entendu; le clergé des deux diocèses du Mans et de Laval (car « nous n'osons séparer ceux que la religion du souvenir a si bien « unis), les anciens élèves de la maison et bon nombre d'âmes « charitables ont voulu concourir à cette œuvre, avec un empresse- « ment dont Sa Grandeur, Mgr Nanquette, s'est plu à les remercier « lui-même, après leur avoir donné l'exemple. Grâce à ces sympa- « thies, dont notre zélé sous-supérieur recueille chaque jour de « nouveaux témoignages, les travaux commencés avant l'hiver ont « été poussés avec activité et déjà le soubassement du chœur et des « absidales s'élève à deux pieds au-dessus du sol.

« Après une messe en contre-point exécutée par nos élèves, la « procession se dirigea vers le lieu de la cérémonie. Monseigneur « du Mans revêtu des ornements pontificaux, prit place sur une « estrade entourée de verdure, auprès de laquelle un fauteuil avait « été préparé pour Monseigneur de Satala, représentant à cette fête « tant de missionnaires et quatre évêques sortis de notre maison. « Leurs écussons figuraient parmi les décorations de l'enceinte, avec « ceux du Pape, de quatre évêques du Mans, nos bienfaiteurs, et « les chiffres du fondateur et des deux supérieurs dont le dévoue- « ment a fait notre prospérité. A plus d'un titre, Pie IX ne pouvait « être oublié : en face de la pierre que Monseigneur du Mans allait « bénir, une autre, envoyée de Rome, n'attirait pas moins les regards « et nous donnait une fois de plus un gage public et touchant de la « bienveillance du Père commun des fidèles. »

(1) Le montant des souscriptions a dépassé 50,000 fr. — M. l'abbé Vaydie fit aussi à la même époque un don assez considérable au petit séminaire pour aider à la reconstruction de la chapelle. Né à La Flèche, le 22 mai 1808, M. René Vaydie fut nommé professeur à Précigné vers 1832. Il resta toujours clerc minoré. Il est mort au petit séminaire, où il avait passé presque toute sa vie dans l'enseignement.

L'année suivante, en 1861, d'autres améliorations très notables et depuis longtemps réclamées furent faites à la maison. La cuisine était trop étroite et fort mal aérée : sa position à l'entrée principale des bâtiments, et sur un passage fréquenté par les étrangers, aussi bien que par les élèves, offrait des inconvénients de plus d'un genre. Elle fut reconstruite dans les meilleures conditions d'emplacement et d'organisation intérieure. Des parloirs très convenables et une lingerie pour les élèves furent organisés ; le bâtiment de l'infirmerie subit aussi une modification intérieure très considérable (1).

La dépense de ces derniers travaux s'éleva à 24,793 francs. Malheureusement les autres dépenses de reconstruction de la chapelle dépassèrent toutes les prévisions. Il devint bientôt trop évident que les ressources dont disposait le petit séminaire, insuffisantes pour couvrir les frais des travaux déjà exécutés, ne pourraient faire face à ceux qu'entraînerait l'achèvement de la chapelle dans les proportions qu'on lui avait données. Le gros œuvre du chœur, des chapelles rayonnantes, des deux bras du transept et de la première travée de la nef avaient coûté 147,109 fr., en y comprenant les honoraires de l'architecte et quelques travaux accessoires rendus nécessaires par la construction de la chapelle. A son arrivée dans le diocèse, en juin 1862, Mgr Fillion se vit obligé, malgré son affection pour une maison où il avait été élevé, et malgré toute la peine qu'une mesure aussi grave devait causer aux directeurs du petit séminaire et au diocèse tout entier, de prescrire l'interruption des travaux de reconstruction de la chapelle. Pendant les travaux on devait faire les offices divins dans la salle préparée pour les distributions des prix et les autres exercices publics : les nombreux professeurs du séminaire, presque tous prêtres, se virent réduits à célébrer chaque jour la sainte messe dans des appartements

(1) Quelques heureux changements furent introduits aussi dans la discipline intérieure. Nous ne saurions surtout trop applaudir à la défense faite aux élèves de se tutoyer. Rien ne nous paraît plus propre à donner aux élèves, dans leurs relations ordinaires, ce bon ton, ce respect des autres et de soi-même, caractères de la bonne éducation.

bien exigus transformés en oratoires. Ce provisoire si pénible, mais qu'on eût accepté avec joie pendant les travaux, se prolongea après qu'on les eut interrompu et dura de bien longues années. Pendant tout son épiscopat Mgr Fillion dut se contenter d'amortir la dette contractée par le séminaire. Plus heureux, Mgr d'Outremont a eu la consolation, dans le courant des deux années 1877 et 1878, de faire achever l'intéreur de la chapelle et de la mettre en état de servir. Ces premiers travaux coûtèrent 48,789 francs, auxquels il faut ajouter pour les autels et les vitraux 9,703 francs provenant de dons particuliers. A la fin de l'année scolaire 1877-1878, le petit séminaire put entrer en possession de la nouvelle chapelle, pour l'achèvement de laquelle il reste encore bien des dépenses à faire.

XII. Le petit séminaire de Précigné a eu le bonheur pendant le demi-siècle écoulé depuis sa fondation, de n'avoir que deux supérieurs : M. l'abbé Bellenfant dont nous avons eu souvent l'occasion de parler dans cette notice, et M. l'abbé Bouttier, qui est à la tête de cette maison depuis 1845, et dont nous sommes heureux de louer ici la piété et le parfait dévouement à l'accomplissement de tous les devoirs qu'entraînent ses délicates fonctions.

Les sous-supérieurs ont été plus nombreux; mais nous croyons qu'on nous saura gré d'en conserver le souvenir au moins par quelques notes sur chacun d'eux. Nous trouvons d'abord M. l'abbé Godin Louis-Jean, né à Saint-Aignan-sur-Roë le 16 août 1796. Nous avons dit comment M. Horeau l'envoya de Château-Gontier à Précigné dès l'origine du collège. M. Godin devint curé de Montreuil-le-Chétif le 1er octobre 1822; il passa ensuite à Pincé le 28 mai 1849, et il est mort dans cette paroisse le 18 septembre 1866.

Son successeur, en 1822, fut M. l'abbé Bontemps André-Michel, né à Verron le 27 mars 1800. Il ne resta qu'une seule année à Précigné; et après avoir exercé quelque temps le saint ministère dans la ville de Laval, il fut nommé le 1er mai 1827 curé de Saint-Jean-sur-Mayenne. M. Bontemps fut ensuite successivement curé de

Fresnay le 20 juin 1844, puis de Cossé-le-Vivien le 8 janvier 1847. Au moment de la constitution du nouveau chapitre cathédral de Laval en 1856, Mgr Wicart le nomma chanoine titulaire. Il est mort à Laval le 13 juin 1876.

L'année suivante, 1823, nous trouvons comme sous-supérieur M. l'abbé CHEMINEAU Auguste-Charles, né à Sablé, le 15 septembre 1799. Le 1er janvier 1824, fut nommé vicaire à Sablé, où il est mort le 7 mai 1829.

Il eut pour successeur M. MORTREUX Pierre-Joseph, né à Changé-lès-Laval le 17 juillet 1802. En quittant Précigné le 22 mai 1830, M. Mortreux fut nommé curé de Clermont, et trois ans après, le 8 août 1833, curé de Bouère où il est mort le 6 décembre 1866. Il était chanoine honoraire de la cathédrale de Laval.

M. DUVERGER Auguste-Jean, né à Ambrières le 22 février 1806, remplaça M. Mortreux en 1830. Il ne resta que deux ans à Précigné. Il est mort à Evron le 28 février 1843, après avoir été successivement principal des collèges de Gorron et d'Evron.

M. BOUTTIER Thomas-Auguste, né à la Ferté-Bernard le 24 février 1805, fut envoyé au petit séminaire dès l'année 1827. En 1832, il devint sous-supérieur, puis, comme nous l'avons dit, supérieur, à la mort de M. l'abbé Bellenfant.

M. BAISSIN Ferdinand-Napoléon, né à Gorron le 26 août 1810, depuis longtemps professeur au petit séminaire, en devint sous-supérieur en 1845. Le 12 janvier 1854, il fut nommé curé de Notre-Dame du Pré, au Mans, et le 8 décembre 1857, curé-archiprêtre de la cathédrale.

Il fut remplacé par M. l'abbé FAGAULT Victor, né à Luché le 7 novembre 1813, lequel n'exerça les fonctions de sous-supérieur que pendant quatre années. Après la mort de M. Fagault survenue le 24 janvier 1858, M. l'abbé PAUMARD Charles-Grégoire, né à Tennie le 8 mars 1824, lui fut donné pour successeur. Le 10 octobre 1864, M. Paumard fut nommé curé d'Auvers-le-Hamon. Il est depuis le 15 juin 1871, doyen de Vibraye.

M. HAMEL Adolphe-Michel, né à Mansigné le 27 août 1830, depuis longtemps professeur au petit séminaire, comme tous ses prédécesseurs, fut nommé sous-supérieur le 10 octobre 1864. Deux ans après, le 1er décembre 1866, il fut nommé à la cure de Pincé et il continua encore pendant deux années de professer la rhétorique au petit séminaire. Il est aujourd'hui curé de Bazouges, où il a été nommé le 28 février 1871.

Il a été remplacé le 15 octobre 1868 par M. Chereau Frédéric-Pierre, né à la Flèche le 11 janvier 1833, et professeur au petit séminaire depuis le mois d'octobre 1859.

TABLE DES MATIÈRES

APPENDICE

NOTICE SUR LE PETIT SÉMINAIRE DE PRÉCIGNÉ

Le Mans. — Imprimerie Leguicheux-Gallienne, rue Marchande, 15.

www.ingramcontent.com/pod-product-compliance
Ingram Content Group UK Ltd.
Pitfield, Milton Keynes, MK11 3LW, UK
UKHW021043200726
13857UKWH00003B/783